Collection de **l'Histoire par le Bibelot**

HENRI DARAGON ET ERNEST DEMANNE

# LE PRÉSIDENT Loubet en Russie

VOYAGE — RÉCEPTIONS — DISCOURS
ICONOGRAPHIE DE LA CARTE POSTALE FRANCO-RUSSE
BIBELOTS POPULAIRES — CHANSONS

OUVRAGE ORNÉ DE CINQ PLANCHES HORS TEXTE

PARIS
H. DARAGON, Libraire
10, Rue Notre-Dame-de-Lorette
1902

# LE PRÉSIDENT LOUBET EN RUSSIE

Cet ouvrage a été tiré à 510 exemplaires :

500 sur papier couché.

5 sur papier du Japon.

5 sur papier de Hollande.

Collection de l'Histoire par le Bibelot.

HENRI DARAGON ET ERNEST DEMANNE

# Le Président Loubet en Russie

VOYAGE — RÉCEPTION — DISCOURS
ICONOGRAPHIE
DE LA CARTE POSTALE FRANCO-RUSSE
BIBELOTS POPULAIRES — CHANSONS

*Ouvrage orné de 5 planches hors-texte*

PARIS
LIBRAIRIE H. DARAGON
*10, rue Notre-Dame-de-Lorette*

1902

# INTRODUCTION

*Nous nous faisons un agréable devoir de remercier, en tête de cet ouvrage, les nombreuses personnes qui ont bien voulu nous prêter leur concours pour mener à bien la publication de notre volume.*

*Ces remerciements s'adressent tout particulièrement à MM. F. Hatté, Cathala, Paul Daragon, Mlle Granoux.*

*Ecrit au jour le jour, d'après les documents que M. Demanne adressait de Saint-Pétersbourg, nous avons voulu relater ce triomphal voyage qui n'a eu d'échos, dans les fêtes officielles, que les visites impériales de 1896 et 1901.*

*Notre livre, paru le 10 juin, est encore une fois le premier qui ait l'honneur de retracer cette mémorable visite.*

*Planche I.*

# LE VOYAGE DE MAI 1902

## A BREST

Le Président de la République quitte Paris le 13 mai 1902 à 9 h. 25 par la gare Saint-Lazare accompagné par l'aimable et sympathique secrétaire général de la présidence M. Abel Combarieu, par le général Dubois, M. Henry Poulet, le colonel Sylvestre, le lieutenant colonel Lamy, les commandants Huguet et Chabaut.

La Compagnie de l'Ouest avait préparé un salon pour recevoir le Président. Dès 9 h. y prenaient place les Ministres qui devaient accompagner M. Loubet à Brest : M. Waldeck-Rousseau, M. Delcassé, M. de Lanessan.

A sa descente de voiture, au moment où le président de la République pénétrait par la porte de la rue de Rome dans le vestibule donnant accès aux quais de la gare

2

Saint-Lazare, M. Gay, président du conseil d'administration de la Compagnie des chemins de fer de l'Ouest, s'est avancé pour le saluer avant son départ.

M. Gay était entouré de MM. de Larminat, directeur de la Compagnie de l'Ouest ; Berthelier, chef de l'exploitation ; Vétillard, chef du mouvement, et de Grièges, ingénieur principal de la traction, qui accompagnent le chef de l'Etat à Brest.

Le train présidentiel auquel est attelé une puissante machine comprend en outre des fourgons de tête et de queue, sept wagons dont une voiture de première classe à couloir ; un salon réservé aux hauts fonctionnaires de la Compagnie de l'Ouest ; un wagon-restaurant et trois salons réservés à la présidence de la République.

C'est dans le salon n° 1 que se trouvait la chambre à coucher de M. Emile Loubet, le cabinet de toilette, la bibliothèque, etc, ; le grand salon de réception se trouve dans le wagon n° 2 ; le salon n° 3 est réservé aux ministres. Enfin, un sleeping-car à neuf lits est occupé par les officiers de la maison militaire du président. Le fourgon de queue renferme de nombreux bagages.

A 9 h. 25 très précises, M. Lemenez de Kerdelleau, chef de gare principal, a donné le signal du départ au train présidentiel dans lequel a pris place, avec ses deux adjoints, M. Leroy, commissaire spécial de la gare Saint-Lazare, chargé du service de sûreté pendant le trajet de Paris à Brest.

Lorsque le train s'est mis en marche, de nombreux employés de la Compagnie s'étaient juchés sur les wagons stationnés non loin de là, pour assister au départ du président. Debout, dans son salon, le président de la République saluait les personnes présentes sur le quai de la gare.

M. Loubet arrive à Brest dans la matinée du 14, à deux heures.

Cherbourg, Le Havre, Calais, Brest, caressèrent l'espoir que leur port serait choisi pour le départ du Président, ce fut Brest à qui revint cet honneur. Le conseil municipal vota un crédit de 40,000 fr. et organisa un programme des fêtes qui fut réussi de tous points (Voir 3e partie, les affiches de la municipalité). Il est vraiment malheureux que le temps ne fut pas de la fête car la ville était abondamment pavoisée, parée de superbes arcs-de-triomphe, de pavillons, de banderolles. La décoration de la ville de Brest avait un caractère local auquel nous ne sommes pas habitués pour les cérémonies officielles, Le banquet où les maires de Bretagne étaient convoqués fut très animé et très pittoresque à cause des costumes bretons qu'ils avaient revêtus pour la plupart ; le maire de Lothey fut surtout très admiré.

Le reste de la journée est occupée par M. Loubet aux présentations, à la remise des décorations, puis visite à l'Arsenal, et revue de l'Escadre, etc. A la nuit tombante, Brest était illuminé de toutes parts. Là encore les lampes à pointes de Paz et Silva ont eu un grand succès.

A 5 h. 1/2 toutes les embarcations qui entourent le *Montcalm* s'étant dispersées, le navire appareilla.

Sur le pont, l'équipage tout entier est à son poste. La manœuvre est rapidement exécutée et, à 5 h. 45, *Montcalm* s'ébranle lentement.

Alors de tous côtés retentissent de formidables détonations. Le *Montcalm* passe entre deux lignes formées par les bâtiments de la division navale de la Baltique et de l'escadre du Nord.

Les équipages montent à la bande et crient sept fois : « Vive la République ! » Le spectacle est à ce moment incomparable.

Les navires de la division navale qui se rend dans les eaux russes et ceux de l'escadre du Nord se mettent en marche dès que le *Montcalm* les a dépassés, lui faisant une imposante escorte.

L'escadre du Nord se sépare de la division navale de la Baltique à l'entrée du Goulet.

Le président du conseil et le ministre de la marine quittent le *Montcalm* et montent sur le *Surcouf* pendant que le *Montcalm* et le *Guichen* gagnent la haute mer.

L'escadre du Nord évolue pour rentrer en rade où elle reprend ses corps morts à la tombée de la nuit.

MM. Waldeck-Rousseau et de Lanessan passeront la nuit à bord du *Formidable* où des appartements leur ont été préparés.

Voici la liste des personnages qui accompagnent en Russie le président de la République et le ministre des affaires étrangères :

MM. Combarieu et le général Dubois, secrétaires généraux de la présidence de la République ; M. Henry Poulet, chef du secrétariat particulier de M. Loubet ; le colonel Sylvestre, le capitaine de frégate Huguet ; le lieutenant-colonel Lamy ; le commandant Chabaud ; M. Mollard, sous-directeur du protocole ; M. Depret, secrétaire d'ambassade ; M. Narischkine, chargé d'affaires de l'ambassade de Russie à Paris, et le comte Brevern de La Gardie, deuxième secrétaire de l'ambassade de Russie.

Avant de quitter Brest, le président de la République a fait remettre au maire une somme de 1,500 fr. pour les divers établissements de bienfaisance de la ville.

Après le départ du président de la République, M. Berger, maire de Brest, a adressé au prince Ouroussoff, ambassadeur de Russie à Paris, un télégramme ainsi conçu :

Le maire de Brest prie Son Excellence l'ambassadeur de Russie de transmettre à Sa Majesté l'Empereur l'adresse suivante :

La population brestoise qui vient d'assister au départ du président de la République pour la Russie prie Sa Majesté de vouloir bien agréer les vœux les plus sincères qu'elle forme à l'occasion de ce voyage, qui doit resserrer plus intimement encore les liens d'amitié qui unissent déjà les deux grandes nations.

*Le maire* : BERGER.

**Le 15 Mai,** l'Escadre présidentielle passe à Cherbourg à 5 h. 15 du matin à dix mille au nord du cap de la Hague.

**Le 16 Mai,** on télégraphie de Copenhague que l'escadre française est passée ce soir à 6 1/4 en vue du phare de Haulstholm, situé sur le Jutland. C'est seulement aujourd'hui que l'on est fixé en Russie sur le port qui recevra le Président Loubet et sa suite ; celui de Reval est abandonné pour Cronstadt.

L'amiral Tyrtow et M. de Cuverville, attaché naval à l'ambassade de France à Pétersbourg télégraphient dans ce sens au Ministère de la Marine.

**Le 17 Mai,** le Ministère de la Marine recevait de Nyborg la dépêche suivante : « Division Baltique passe le Belt. Tout bien à bord. »

**Le 18 Mai**, le Ministère de la Marine a reçu la dépêche suivante qui est arrivée à Dunkerque par pigeon-voyageur. « Reçois à midi trente, télégramme suivant, sans date :

« 4 h. 46. Temps couvert. Pluie. A 72 kilomètres au Nord, 49 Est du feu fixe de Terschilling. »

« Amiral *Montcalm* à marine, Paris. Tout bien à bord *Montcalm* et *Guichen*. »

**Le 19 Mai**, l'Amirauté a reçu la nouvelle que l'escadre française est passée aujourd'hui à Reval, à 2 heures, guidée par le brise-glaces « Mangouchi ».

L'escadre a poursuivi sa route sur Hogland, où elle rencontra le brise-glaces « Ermak », qui a ouvert le chemin. Tout allait bien à bord. La distance de Hogland à Cronstadt est de 90 milles. L'escadre arrivera demain à 10 heures et maintenant laissons la parole à notre collaborateur qui assista à toutes les cérémonies du voyage présidentiel.

Voici ce qu'il nous écrit :

**La Veille** (Le 19 mai). — Le baron

Freedericksz, ancien attaché militaire de Russie à Paris ; le contre-amiral Paltoff, l'aide de camp, prince Yengaletcheff ; le colonel Lazareff, attaché militaire à Paris, et le lieutenant de vaisseau Yépantchine, attaché naval à Paris, sont attachés à la personne du président Loubet.

Le capitaine de vaisseau Jung et le lieutenant de vaisseau prince Troubetskoï sont attachés à la personne du vice-amiral Roustan, commandant en chef de l'escadre française.

Saint-Pétersbourg tient vraiment à recevoir avec majesté le Président de la République, car, depuis une huitaine, la fièvre active déployée pour l'embellissement des Palais et monuments Impériaux, des hôtels privés, des grandes artères est incroyable. On travaille la nuit, et d'heure en heure, l'aspect des rues change au point de ne plus permettre au simple visiteur de pouvoir s'orienter. La perspective Newsky, la plus spacieuse voie de Pétersbourg, est d'un aspect merveilleux. En partant de l'Amirauté, pour la parcourir dans toute sa longueur, nous trouvons tout de suite, à droite, le Magasin Daziaro qui a décoré sa devanture d'une façon splendide, ayant dans sa vitrine le buste du Président.Plus loin, à la grande salle de la noblesse, sur le balcon, les deux bustes de Sa Majesté Nicolas II et de M. Loubet dans des gerbes de feuillages. Le balcon est recouvert d'étoffes tricolores russes et françaises déposées de la façon la plus gracieuse.

Dans toutes les vitrines des grands magasins, se trouvent le Président avec Sa Majesté, en buste, amplement fleuris. En bordure, sur les trottoirs, d'énormes mâts ont été plantés espacés à peine de dix mètres et peints aux couleurs russes et rrançaises. Chacun de ces mâts est surmonté de l'Aigle Impérial ou d'une couronne de chêne dorée portant au centre R. F. Sur les flammes françaises, en toutes lettres : « Vive la France ».

Un arc de triomphe est placé à l'extrémité de la perspective près de la gare de Moscou. J'ai gardé, pour terminer la description de la perspective Newsky, pour présenter la Douma (Hôtel de Ville). La décoration en est féérique et vraiment la municipalité s'est surpassée. Jamais en Russie pareil luxe n'a été déployé :

Sur un énorme piédestal Sa Majesté et le Président sont côte à côte en buste, comme fond l'Aigle Impérial, or, sur velours rouge, le tout garni de plantes riches. Les rampes de l'escalier de granit à doubles évolutions, sont recouvertes de velours rouge frangé or. Au-dessus des deux bustes, une coupole qui supporte une sphère énorme sur laquelle est placée une majestueuse statue de « la Paix ». A chaque aile de l'escalier double une énorme colonne supportant l'Aigle Impérial et sur toutes les rampes et arètes de l'édifice sont alternées les couleurs françaises et russes.

Les curieux encombrent déjà les rues au point de ne pouvoir avancer qu'au pas. A la gare de Varsovie nous voyons un autre arc de triomphe d'un effet très heureux. Construit dans le style russe, il représente sur un de ses fronts des scènes de la vie russe. Bien entendu, à profusion les couleurs se mélangent ; à la gare de Finlande aussi beaucoup de décoration.

D'ailleurs, sur tous les points de la ville, nous voyons surgir des embellissements. Tout ne sera réellement terminé que pour demain, après midi, quand l'escadre française sera à Pétersbourg. On active les travaux de tous côtés ; de la 13$^{me}$ ligne au Wassili Ostrow, un grand arc de triomphe s'élève. Le Président doit passer là pour aller poser la première pierre de l'hôpital français.

A Tsartkoë-Sélo, résidence Impériale, règne aussi une grande activité. C'est là que l'hôte attendu de la Russie, le « bon allié » comme j'ai entendu dire tantôt, aura ses appartements. Le Président sera installé au Grand Palais et Sa Majesté continuera à habiter le Palais Alexandre.

Les appartements du Président sont ceux occupés antérieurement par l'Impératrice Marie, épouse de l'Empereur Paul I$^{er}$.

Le Salon de réception, style Empire le plus pur, est garni de meubles recouverts d'étoffes bleu clair. Le plafond de cette pièce est à remarquer. Ce sont des scènes de la vie romaine enrichies comme cadre d'une fine ornementation en stuc. La bibliothèque contigue à ce salon est également de style Empire. Plus loin a été aménagé un magnifique cabinet de travail. La chambre à coucher est meublée d'érable recouvert d'étoffe de soie verte. Le lit de bronze doré est placé dans une alcôve sur le devant de laquelle sont placées des colonnes Empire.

A Krasnoë-Sélo, où aura lieu la revue des troupes en l'honneur du Président de la République, avec grande activité, là aussi, est poussée la décoration de la gare, de la ville et du camp. L'ensemble du champ de manœuvres est grandiose.

Les tribunes sont merveilleusement pavoisées aux couleurs françaises et russes.

Le pavillon, tribune impériale, est une tente placée sur un tertre élevé d'environ quatre mètres et situé à l'aile extérieure droite des tribunes. L'intérieur de cette tente est doublé d'étoffe bise rayée de bleu. Sur le front de la tente est disposé une loge où seront installés LL. MM. Impériales et le Président.

La grande avenue que nous suivons pour

nous rendre à la gare est ce que j'ai vu de plus joli au point de vue artistique.

Les mâts qui seront garnis de corbeilles de fleurs venant des serres Impériales, sont ornés d'aigles et des armes de la ville de Paris.

Un superbe arc de triomphe a été élevé par la division des sapeurs-pompiers ; sur chaque face, devant toute la largeur de l'avenue : *Vive la France*. En bordure de l'avenue, reliant les mots, de grandes étoffes sont tendues où nous lisons : *Bojé Tsaria Krani* (Dieu protège le Tsar) et Vive la France. A Krasnoë-Sélo, comme à Saint-Pétersbourg, commerçants et habitants sont enthousiastes à notre vue, ils nous serrent les mains et avec la plus grande émotion nous disent que de grand cœur ils aiment les Français qui sont les amis de la Russie. Rentrés à Pétersbourg, nous pouvons avec difficulté nous frayer un passage sur la perspective où déjà les habitants se promènent avec des petits drapeaux tricolores et arborent des insignes aux deux couleurs alliées qui pour la plupart sont du plus gracieux effet.

Ayant été reçu par la presse russe, sous la

présidence de M. Souvorine, qui en sa qualité de directeur du *Novoë Vrémia* a pris la parole et souhaité la bienvenue. Fort tard et à grand regret nous nous sommes quittés, emportant de cette réunion le plus agréable souvenir de cordiale sympathie.

La masse des promeneurs semble infatigable et continue à affluer devant les édifices pavoisés admirant les bustes de son Empereur et du Président.

**20 Mai.** — Je ne sais si tout le monde a vécu le même état fièvreux que moi. Je n'ai pas dormi de la nuit cherchant cependant un repos déjà bien nécessaire, mais en tout cas, à 6 heures, je me suis trouvé ragaillardi une fois dans la rue, dans l'Isvochik qui m'emportait bride abattue au quai anglais. C'est là que nous embarquons sur « l'Ilmen » bâtiment de la flotte Impériale. C'est le lieutenant de vaisseau Nicolas Glasoff qui me reçoit de la façon la plus exquise se mettant entièrement à ma disposition pour me fournir des renseignements. Ici je me plais à lui exprimer à nouveau mes remerciements les plus sincères et les plus cordiaux.

A 7 h. 1/2 précises le signal du départ est donné. Aussitôt le pavillon de la marine Impériale est hissé, tout le monde se découvre et nous filons sur Cronstadt. Comme nous marchons à une grande vitesse, nous dépassons les bateaux qui se dirigent, eux aussi, vers le golfe ; petits et grands, tous pavoisés aux couleurs russes et françaises, garnis de fleurs et chargés de monde, tous porteurs d'insignes franco-russes. Presque chaque bateau a une musique à bord, le Pont Nicolas, les quais et les docks sont bondés de monde. Le trajet est long... parce que l'on est impatient et aussi parce que le temps, très couvert, pluvieux même par moment, se refroidit sensiblement. On s'attriste de ne pas avoir un peu de soleil. L'œil est constamment distrait par les innombrables bateaux qui sillonnent.

A 9 h. 1/2 nous distinguons très nettement le port de Cronstadt et peu après nous défilons devant l'escadre russe, successivement vous voyons « Le Voïn » bateau école — le croiseur 2e classe « Vestnik » — le bateau école « Verné » — le croiseur 2e classe « Kreiser » — le cuirassé d'escadre « Sissoï-Veliki » — le croiseur 1re classe « Dmitri Donskoï » — le cuirassé d'escadre « Nicolas Ier » — le croiseur 1re classe « Amiral Korniloff » — le cuirassé d'escadre « Navarin » — le croiseur 1re classe « Duc d'Edinbourg » — le croiseur 1re classe « Askold » — le croiseur 1re classe « général Amiral » — le croiseur 2e classe « Rynda » — le bateau école « Moriat » et le croiseur 1re classe « Prince Pojarsky ». Dans la petite rade étaient les yachts impériaux « Alexandria » battant pavillon Impérial, le Standart, l'Etoile Polaire, le croiseur 1re classe Svetlane. A peine étions-nous arrivés au dernier bâtiment de l'escadre qu'une rumeur nous fait sortir de l'admiration que nous avions à la vue de tous ces bâtiments. C'était l'escadre française aperçue au loin. Immédiatement nous pivotons sur nous-mêmes pour être prêts à escorter l'escadre.

Une rumeur nous arrive du port et des

bateaux qui ont déjà stoppé dans la petite rade où sera ancré le « Montcalm ».

L'impatience grandit. Seuls les bâtiments de l'escadre russe sont muets, officiers et soldats fixes à leur poste. Nous apercevons maintenant bien nettement le « Montcalm » battant pavillon du Président de la République. Un premier coup de canon! C'est le Salut!

Immédiatement les forts répondent. Puis successivement les cuirassés. Il est 10 heures juste. Nous suivons parallèlement le « Montcalm » qui ne cesse de tirer le canon. Des hourras formidables éclatent des bâtiments. Les musiques de la marine impériale jouent la Marseillaise. Les centaines de bateaux qui sont dans la rade agitent des drapeaux, poussent des hourras, crient vive la France, tandis que leurs musiques jouent également la Marseillaise. On est heureux, ému, pris d'admiration. Emus, certes, j'ai à côté de moi un passager, un Russe qui me dit : « Vous êtes Français? — Oui Monsieur, lui répondis-je. —Eh bien! Vive la France! Vive la France! Vive la France! » Je lui étreignis les mains en murmurant, n'ayant plus de force : « Vive la Russie ! Vive la Russie ! Vive la Russie ». Nous pleurions tous deux. Les coups de canon du « Guichen » nous séparèrent. Vivats prolongés des marins russes et français. Le « Montcalm qui nous avait devancé de beaucoup jette l'ancre dans la petite rade. Aussitôt du yacht impérial « Alexandrie » qui vient de stopper se détache un « Cutter ». Nous y distinguons très nettement S. A. I. Mgr le grand duc Alexis, grand amiral, le marquis de Montebello, ambassadeur, l'amiral Avelane, et l'aide de camp général Lohmen. Le canot se dirige sur le « Montcalm. Le Président de la République Française se tient à la coupée et reçoit le grand duc Alexis avec lequel il échange quelques paroles.

Le Grand duc Alexis passe devant la garde d'honneur, puis sur l'invitation du grand Amiral, le Président descend dans le canot Impérial, qui se met en mesure de rejoindre le yacht Impérial Alexandria. Au moment où le cutter s'éloigne, la musique du *Montcalm* entonne l'Hymne Russe. Aussitôt de toutes parts retentissent les cris mille fois répétés de : Vive la France. Le Président est debout et calme, visiblement ému. On joue la Marseillaise. Le cutter accoste le yacht Impérial par tribord. Le Président monte et est reçu par Sa Majesté l'Empereur avec la plus affectueuse cordialité. Aussitôt le pavillon du Président de la République Française est hissé à coté de celui de Sa Majesté. Ce signal est suivi par des tonnerres d'applaudissements, vite couverts par les cris de : Vive la France, Vive la Russie, sans compter les hourras formidables qui tombent des vergues de l'escadre russe. A bord se trouvaient Son Altesse Impériale le grand duc héritier Michel Alexandrovitch, les grands ducs Serge Alexandrovitch et Nicolas Nicolaïevitch, le secrétaire d'Etat comte Lamsdorff, ministre des Affaires étrangères, le baron Frédérictssz, ministre de la Cour, l'amiral Avelane, prince Ouroussoff ambassadeur de Russie à Paris, colonel Moulin, attaché militaire à l'ambassade de France et d'autres officiers supérieurs.

Le *Montcalm* lève l'ancre et se dirige sur

Péterhoff où il accoste vers 10 h. 1/2. Aussitôt des salves d'artillerie sont à nouveau tirées, Sa Majesté et le Président descendent du débarcadère où se trouvent réunis les grands ducs avec tous les membres de la suite de Sa Majesté et l'Ambassade de France, au complet. Après l'échange des salutations, avec les grands ducs, le Président et Sa Majesté l'Empereur ont passé devant la garde d'honneur pendant qu'on jouait la Marseillaise. Puis, l'Empereur et le Président se sont rendus à la gare, en voiture découverte, avec escorte d'honneur. Sur tout le parcours, mêmes ovations que dans la rade.

Sa Majesté et le Président ont déjeuné dans le train Impérial. Arrivé à Tsarskoé-Sélo, vers 1 h. 1/2, l'Empereur a conduit le Président au Grand Palais jusqu'à ses appartements, puis s'est rendu au Palais Alexandre. Peu après, le Président avec toute sa suite, s'est présenté au Palais Alexandre, pour saluer l'Impératrice Alexandra Féodorovna. Ensuite, il a été faire visite à l'Impératrice Marie Féodorovna (femme d'Alexandre III) puis il est rentré à Tsarskoé-Sélo. Tant à Krasnoé-Sélo qu'a Gatchina, (résidence de l'Impératrice mère) la population n'a cessé de faire des ovations enthousiastes au Président et à sa suite.

A 7 h. 1/2, un grand dîner de gala a eu lieu dans le grand salon Louis XV du Grand Palais. Toute la munificence a été déployée dans l'aménagement de cette salle et dans les moindres détails de table. Plus de six mille roses étaient disposées avec un goût exquis. Attention charmante à noter, c'étaient des roses de France ! Ces roses magnifiques ont été cueillies un peu avant le dîner dans les serres Impériales. L'Empereur en signe d'amitié avait placé le représentant de la France à sa droite, à côté de S. M. l'Impératrice, au dessert il a porté le toast suivant.

« En vous souhaitant de tout cœur la bienvenue, M. le Président, j'aime à espérer que votre séjour parmi nous, vous offrira les meilleurs témoignages des sentiments qui unissent la France et la Russie. Puissiez-vous en garder un souvenir semblable à celui que nous conservons à jamais, l'Impératrice et moi, des quelques jours si agréablement passés en France, l'année dernière. Je lève mon verre en votre honneur M. le Président, à la grandeur et à la prospérité du beau pays ami et allié. »

Pendant que le Président s'incline et remercie S. M. l'Empereur, l'orchestre joue la Marseillaise.

Ensuite le Président s'exprime en ces termes :

« Sire, en répondant à votre invitation, il m'a été particulièrement agréable de vous porter les vœux de la France, qui nourrit toujours pour Votre Majesté, les sentiments dont vous avez pu naguère recueillir l'expression.

« Quelques heures m'ont suffi pour constater à mon tour, combien le cœur de la Russie, bat à l'unisson du cœur de mon pays. La France sera aussi heureuse de cette parfaite harmonie, que touchée du souvenir que Votre Majesté et S. M. l'Impératrice veulent bien me dire qu'elles lui ont gardé.

« Très reconnaissant de l'accueil que je reçois, je lève mon verre en l'honneur de

Votre Majesté, de S. M. l'Impératrice, de S. M. l'Impératrice Marie, de toute la Famille Impériale, et je bois à la prospérité et à la grandeur de la Russie, amie sincère et fidèle alliée de la France. »

Les deux souverains s'inclinent et l'orchestre entonne l'Hymne russe. A 10 h. 1/2, l'Empereur se retirait avec sa suite, et peu après le Président lui-même se dirigeait vers ses appartements pour goûter un repos bien mérité, après d'aussi grandes émotions.

Durant ce temps, nos braves marins eurent leur part de fête.

*Planche II.*

# Première journée

## A SAINT-PÉTERSBOURG

**20 Mai.** — Un dîner a été offert aujourd'hui, à 4 heures, au manège de la marine, aux équipages des navires français. Des quartiers-maîtres et des matelots russes ont pris part au dîner, qui a été très animé. Les marins russes ont accompagné leurs camarades français jusqu'à l'embarcadère Pétrovsky.

Aussitôt après le départ présidentiel, le contre-amiral Tschouknine et le Maire de Pétersbourg se sont rendus à bord du *Montcalm* pour saluer l'amiral Roustan. Nombre de dignitaires suivent. Les cris de Vive la France et Vive la Russie sont souvent répétés.

Aussitôt après le départ de l'amiral Roustan qui va rendre des visites, le *Montcalm*

4

est littéralement envahi, tous les bateaux entourent d'une quintuple ceinture le croiseur, on escalade bateaux et barques, pour arriver à la coupée. Montés sur le pont, on acclame nos marins, on s'étreint, on se félicite. Les dames veulent à tout prix avoir un souvenir. nos marins leur donnent des vues du *Montcalm*, des vues prises en cours de route, des rubans multicolores, sur lesquels on lit en lettres d'or : *Montcalm*. Les dames s'en font des brassards. Nos marins reçoivent des fleurs. On leur offre des cigarettes. On ne veut plus se séparer, les quelques Russes, qui ne parlent pas français, expriment leur affection pour notre nation, en plaçant la main sur leur cœur et en étreignant fortement nos mains, ils se font comprendre de leur mieux. Et il en est de même sur le *Guichen* et les autres bâtiments.

Les officiers de l'escadre française, escortés des officiers de l'escadre russe fraternisent aussi et montent à bord de l'aviso « Pétersbourg » à 1 h. 1/2 pour se rendre à Pétersbourg.

Là, une foule compacte leur fait des ovations ininterrompues, montés dans des troïkas, ils se promènent en ville au milieu de l'enthousiasme populaire, jusqu'à l'heure du dîner.

Nous apprenons avec plaisir, que c'est M. Félix Haté, le si sympathique maître d'hôtel d'un de nos grands restaurants de Saint-Pétersbourg, qui a donné l'initiative à cette nombreuse flotille de yachts et de bateaux qui ont fêté si chaleureusement l'entrée de l'escadre française dans les eaux de Cronstadt. Son bateau le « Matin », exclusivement international a fait l'admiration de toute la presse russe et française qui en ont fait l'éloge dans leurs nombreuses feuilles.

La décoration de ce bateau était d'un ensemble parfait, l'ingéniosité et le goût y avaient fait prodige. A bord se trouvait toute la haute société résidant à Saint-Pétersbourg.

La musique a fait entendre les morceaux les plus choisis. Le champagne Louis Rœderer coulait à flots. Un riche programme, illustré par la maison Pazetti Boissonnasse et Eggler successeurs, était donné à chaque personne. Une fête de fleurs des plus réussies a terminé cette promenade, dont chaque assistant conserve un inoubliable souvenir ; les remerciements faits à profusion à l'organisateur, en ont été la récompense d'ailleurs bien méritée.

— Le croiseur-torpilleur français *Cassini* est venu jeter l'ancre dans la Néva, près du pont Nicolas. Une foule compacte se pressait sur le quai Anglais et les quais de Vassili-Ostrow, ainsi que sur le pont Nicolas.

Bientôt après le *Cassini* sont arrivés aussi dans la Néva les contre-torpilleurs français *Fauconneau* et *Yatagan*, dont les équipages ont été salués de retentissants hourrahs et de cris de : Vive la France ! La foule énorme massée sur les quais a redoublé ses acclamations quand est arrivé un vapeur amenant les officiers de marine française qui devaient assister au raout de l'Hôtel-de-Ville. On agitait les chapeaux et les mouchoirs, les cris de : Vive la France ! étaient incessants, et les officiers y répondaient avec une grande cordialité.

Après avoir débarqué, ceux-ci sont montés dans des troïkas et, toujours accompagnés des acclamations de la foule, sont allés visiter le Palais d'Hiver.

Les ovations enthousiastes ont atteint leur apogée quand les officiers sont arrivés à l'Hôtel-de-Ville, dont les abords ont été couverts d'une foule compacte pendant toute la soirée.

— La municipalité de Saint-Pétersbourg a donné en l'honneur des officiers de l'escadre française un brillant raout à l'Hôtel-de-Ville, somptueusement décoré pour la circonstance.

Au fond de la grande salle Alexandre, illuminée a giorno par une double rangée de lampions électriques, était dressée une estrade, entourée de plantes exotiques. Des deux côtés de l'estrade étaient placés, sur des supports, les magnifiques vases dont le président Félix Faure avait fait don à la ville de Saint-Pétersbourg. Toutes les salles de la chancellerie municipale étaient transformées en salons. Dans l'un d'eux était placé, au milieu d'un massif de verdure, le buste du président Carnot offert à notre capitale en 1891, à l'occasion du séjour de l'escadre de l'amiral Gervais à Cronstadt. Dans le même salon étaient exposés, dans une vitrine, les cadeaux préparés par la municipalité de Saint-Pétersbourg pour les officiers de l'escadre française.

Sur la rampe des tribunes de la salle Alexandre était tracée au moyen de lampions électriques l'inscription : « Vive la France ! »

Les invités ont commencé à se réunir à l'Hôtel-de-Ville à partir de 10 heures du soir. Vers 11 heures, sont arrivés : l'amiral Roustan, commandant de la division navale française de la Baltique, l'aide de camp général Tyrtow, gérant du ministère de la marine, et S. Exc. M. le marquis de Montebello, ambassadeur de France qui ont été reçus par le maire, M. Lélianow, et par son adjoint.

Après l'exécution du programme musical, a été servi le champagne. M. le maire a prononcé l'allocution suivante :

**Messieurs, je crains de ne pas pouvoir traduire par des paroles suffisamment éloquentes toute la**

haute portée des événements dont nous sommes témoins.

Les salves qui saluent la grande nation, les acclamations enthousiastes qui retentissent ; cette animation incomparable, tout se confond en un hymne imposant en l'honneur de la paix, de la justice et de l'amour fraternel des deux peuples.

Je lève mon verre et je bois à la prospérité de la grande nation française, de son premier magistrat, M. Emile Loubet, de la glorieuse marine française. A la santé de vous tous, Messieurs, nos chers hôtes !

Ces paroles de M. Lélianow ont été suivies des cris enthousiastes de : Vive la France ! se mêlant aux sons de la *Marseillaise*.

S. Exc. M. le marquis de Montebello, ambassadeur de France, a porté ensuite un toast à S. M. l'Empereur. Au milieu des hourrahs unanimes des assistants, l'orchestre a joué l'hymne national russe.

Puis l'amiral Roustan a prononcé une allocution très applaudie.

Le raout s'est prolongé jusqu'à 3 heures après minuit.

A Tsarkoé-Sélo le Président a dîné seul et s'est ensuite rendu au spectacle gala donné dans le théâtre chinois du Palais. Le théâtre était merveilleusement décoré. Programme et représentation intime splendide. La famille Impériale, le Président, quelques hauts dignitaires de la cour seuls y assistaient.

Au palais d'hiver c'était du délire. La foule toujours grossissante ne cessait de manifester en l'honneur de la France. Nos marins répétaient, « Vive la Russie ».

Leurs Majestés Impériales et M. le président Loubet se sont rendus ensuite au palais de Krasnoé-Sélo. Le public massé sur tout le parcours a fait des ovations enthousiastes à Leurs Majestés et au Président de la République française.

# Deuxième journée

## LA REVUE DE KRASNOÉ-SÉLO

**21 mai.** — J'ai admirablement tout vu, j'étais sur les marches mêmes de la tente impériale, à 10 mètres de l'Empereur. Beaucoup de poussière soulevée par le vent. La grande avenue qui conduit au champ de manœuvres est décorée à ravir. Fleurs fraîches, arcs de triomphe très nombreux.

A la gare de Krasnoé-Sélo étaient réunis MM. le Veneur de la Cour comte Toll, gouverneur de Saint-Pétersbourg, le lieutenant-général baron Wrangel, commandant de place, le colonel Ionow, commandant de l'escadron des gendarmes de la garde, et une nombreuse députation de paysans des *volostes* de Krasnoé-Sélo et de Koschelevka.

Un arc de triomphe portant l'inscription « Vive la France ! » était érigé près de la gare.

S. M. l'Empereur et M. le Président de la République française se sont approchés de la députation des paysans, qui, suivant la tradition russe, ont présenté au président le pain et le sel sur un plat en bois sculpté.

S. M. l'Empereur et le Président de la République sont montés ensuite en voiture, pour se rendre au camp. La voiture était accompagnée par un détachement de l'escorte particulière de S. M. l'Empereur. LL. MM. l'impératrice Marie Féodorovna et l'impératrice Alexandra Féodorovna, avec S. A. I. Mme la grande duchesse Elisabeth Féodorovna, suivaient dans une autre voiture.

Le public qui se pressait sur le parcours du cortège acclamait avec enthousiasme Leurs Majestés et M. le président Loubet.

Des deux côtés de la route étaient dressés des mâts ornés d'oriflammes et de guirlandes de fleurs. Un arc de triomphe s'élevait près de la station des pompiers.

A la revue, qui a commencé vers 11 h.,

ont pris part 50 bataillons d'infanterie, 37 escadrons de cavalerie, 10 sotnias de cosaques, 2 sotnias de gardes-frontière, 6 1/2 bataillons d'artillerie à pied (230 canons) et 37 pièces d'artillerie montée.

S. A. I. Mgr le grand duc héritier Michel Alexandrovitch se trouvait dans les rangs du régiment Préobrajensky de la garde, S. A. I. Mgr le grand duc Paul Alexandrovitch à la tête de la 2e division de cavalerie de la garde, S. A. I. Mgr le grand duc Serge Mikhaïlovitch à la tête de la 2e batterie d'artillerie montée de la garde, S. A. I. Mgr le grand duc Dmitri Constantinovitch à la tête de la 2e division de cavalerie de la garde S. A. I. Mgr le grand duc André Vladimirovitch et S. A. I. le prince Alexandre Guéorguiévitch Romanovsky, duc de Leuchtenberg, dans les rangs de la même batterie. S. A. I. le prince Louis Napoléon à la tête du régiment des lanciers de S. M. l'Impératrice Alexandra Féodorovna.

La revue était commandée par S. A. I. Mgr le grand duc Nicolaïévitch, inspecteur général de la cavalerie.

Pour l'arrivée du cortège impérial, étaient réunis sur le flanc droit des troupes LL. AA. II, Mgrs les grands-ducs Alexis Alexandrovitch, Paul Alexandrovitch, Nicolas Nicolaïévitch, le prince Georges Maximilianovitch Romanovsky, duc de Leuchtenberg, les ministres de la cour et de la guerre, les officiers supérieurs, les agents militaires étrangers, les aides de camp et les officiers de l'état-major général.

Dans la tente impériale se trouvaient LL. AA. II. Mmes les grandes duchesses Militsa Nicolaïevna et Olga Alexandrovna, la princesse sérénissime Galitsyne, dame à portrait, la comtesse Vorontsow-Daschkow, dame à portrait, le prince Dolgorouky, grand maréchal de la cour, le comte Orlow-Davydow, grand écuyer de la cour, le comte Hendrikow, grand-maître des cérémonies, le maître de la cour prince Schervaschidzé et le comte Benckendorff, maréchal de la cour.

Puis sont arrivés : M. Delcassé, ministre français des affaires étrangères, S. Exc. M. le secrétaire d'Etat comte Lamsdorff, ministre des affaires étrangères, MM. l'aide de camp général Tyrtow, gérant du ministère de la marine, le marquis de Montebello, ambassadeur de France, le prince Ouroussow, ambassadeur de Russie à Paris, le vice-amiral Roustan et les membres de la suite du président Loubet.

Du côté gauche de la tente impériale étaient réunis des officiers de l'escadre française et du côté droit des correspondants de journaux français et russes.

LL. MM. l'Impératrice Marie Féodorovna et l'Impératrice Alexandra Féodorovna ont pris place, avec M. le président Loubet, dans un phaéton de gala attelé de quatre chevaux blancs, à la daumont. M. le président Loubet était assis à côté de S. M. l'Impératrice Alexandra Féodorovna.

S. M. l'Empereur s'avançait à cheval à côté du phaéton. Sa Majesté portait l'uniforme du régiment des chasseurs de la garde et le grand cordon de la Légion d'honneur.

Après avoir passé devant le front des troupes, le cortège s'est dirigé vers la tente impériale. LL. MM. l'Impératrice Marie Féodorovna et l'Impératrice Alexandra Féodorovna et M. le président Loubet sont descendus de voiture et sont entrés dans le pavillon, tandis que S. M. l'Empereur restait à cheval devant la tente.

Les troupes ont défilé ensuite en marche de cérémonie.

A chaque division qui passait, l'Empereur la saluait du cri de : « Très bien, mes enfants », ou bien : « Merci, cosaques, merci, dragons, » etc. Après quoi, la division toute entière, sans changer son allure, répondait par cette phrase : « Santé nous souhaitons à Votre Majesté Impériale.

C'était très beau avec la richesse des uniformes, le temps bien éclairé, la température douce. Les étendards sont particulièrement jolis.

La revue s'est terminée par une brillante charge de cavalerie.

Après la revue, un déjeuner a été servi dans la tente impériale, qui était richement ornée de plantes exotiques.

S. M. l'Empereur et le président de la République française ont pris place au centre de la table. M. le président Loubet avait à droite : S. M. l'Impératrice Marie Féodorovna, LL. AA. II. Mgr le grand duc héritier Michel Alexandrovitch, Mme la grande duchesse Elisabeth Féodorovna, Mgr le grand-duc Paul Alexandrovitch, Mme la grande duchesse Olga Alexandrovna, Mgr le grand-duc Nicolas Nicolaïévitch, la comtesse Vorontsow-Daschkow, dame à portrait, la princesse Obolensky, demoiselle d'honneur. M. Boutiron, ministre plénipotentaire de France, Mlle Olénine, demoiselle d'honneur, l'aide de camp général Hall, Mlle Kossakovsky, demoiselle d'honneur, le lieutenant-général Stempel, le capitaine Bonnefoy, l'aide de camp général baron Fréedericksz, le capitaine Sylvestre et les aides de camp généraux comte Olsoufiew, prince Galitsyne et prince Vassiltchikow.

A la gauche de l'Empereur étaient assis : S. M. l'Impératrice Alexandra Féodorovna, LL. AA. II. Mgr le grand duc Alexis Alexandrovitch, Mme la grande duchesse Militza Nicolaïevna, Mgr le grand duc Dimitri Constantinovitch, la princesse sérénissime Galitsyne, dame à portrait, S. A. I. le prince

Georges Maximilianovitch Romanovsky, duc de Leuchtenberg, la comtesse M. Golénistchew-Coutouzow, demoiselle d'honneur, M. Combarieu, secrétaire général de la maison civile du Président de la République, la princesse Orbéliani, demoiselle d'honneur, M. Mollard, Mlles Toroptchaninow et Pouschkine, demoiselles d'honneur, le prince Ouroussow, ambassadeur de Russie à Paris, le capitaine Germiny, l'aide de camp général Hesse, le capitaine Böhm, le vice-amiral Avelane, le colonel Moulin et l'aide de camp général Lohmen.

A la gauche du ministre de la cour étaient assis, S. Exc. M. le marquis de Montebello, ambassadeur de France, l'aide camp général Kouropatkine, ministre de la Guerre, le général Dubois, secrétaire général de la maison militaire du Président de la République, le général Rehbinder, le général Sviniine, les lieutenants-généraux baron Wrangel, Ostrogradsky, Laskovsky, Wasmund, Evréinow, Meschétitch, Palitsyne, Maltsew et d'autres commandants de détachements de troupes.

En face de S. M. l'Empereur et de M. le président Loubet a pris place S. Exc. M. l'aide de camp général baron Fréedericksz, ministre de la cour, ayant à sa droite M. Delcassé, ministre français des affaires étrangères, S. Exc. M. le secrétaire d'Etat comte Lamsdorff, ministre des Affaires étrangères, le vice-amiral Roustan, les aides de camp généraux Tyrtow et baron Meyendorff, les lieutenants-généraux Sakharow, Onoprienko, Friede, Kononovitch-Gorbatsky, Altvater, Zykow, Skariatine, Scalon, Opritz et Ouschkévitch et d'autres commandants des divers détachements de troupes.

LL. AA. II. M^gr^s les grands-ducs André Vladimirovitch, Pierre Nicolaïévitch, Serge Mikaïlovitch, le prince Alexandre Guéorguiévitch Romanovsky, duc de Leuchtenberg, S. A. le duc Georges de Mecklembourg-Strélitz, les membres de la suite de S. M. l'Empereur, le prince Dolgorouky, grand-maréchal de la cour, le comte Orlow-Davidow, grand écuyer de la cour, le comte Hendrikow, grand-maître des cérémonies, et d'autres hauts dignitaires, les membres de l'ambassade de France et les fonctionnaires russes chargés du service d'honneur auprès du Président de la République française étaient assis à d'autres tables.

Pendant le déjeuner, S. M. l'Empereur a porté le toast suivant :

« Monsieur le Président,

Mes troupes dont vous venez de voir le défilé, sont heureuses d'avoir pu rendre les honneurs au chef hautement estimé de l'Etat ami et allié. Les vives sympathies qui animent l'armée russe à l'égard de la belle armée française vous sont connues : elles constituent une réelle fraternité d'armes, que nous pouvons constater avec d'autant plus de satisfaction que cette force imposante n'est point destinée à appuyer des visées aggressives, mais bien au contraire à affermir le maintien de la paix générale et à sauvegarder le respect des principes élevés qui assurent le bien-être et favorisent le progrès des nations.

Je lève mon verre à la prospérité et à la gloire de la brave armée française.

La musique a joué la *Marseillaise.*

Le Président de la république française a répondu par le toast suivant :

Sire,

Je remercie Votre Majesté de m'avoir procuré le très vif plaisir d'admirer ces belles troupes, dont la fière contenance, la démarche martiale, les mouvements précis attestent que l'armée russe, par d'incessants progrès, soutient vaillamment sa haute renommée.

De même que des sympathies communes et des intérêts supérieurs ont uni les deux peuples, de même la noble fraternité des armes et une estime réciproque lient étroitement les deux armées. Cette force imposante n'est une menace pour personne, mais il est permis à la Russie et à la France d'y voir, en même temps qu'une garantie pour l'exercice de leurs droits, un abri sous lequel elles peuvent, en toute tranquillité, poursuivre le labeur fécond qui, les rendant plus prospères, augmentera leur puissance et leur légitime influence.

Au nom de l'armée française, qui n'a pas oublié l'honneur que lui a fait Votre Majesté en assistant à ses manœuvres, je bois à la prospérité et à la gloire de la brave armée russe.

La musique a joué l'*Hymne Russe*.

Pendant le déjeûner, l'orchestre du régiment Préobrajensky de la garde s'est fait entendre.

Après le déjeûner, LL. MM. l'Empereur, l'Impératrice Marie Féodorovna et l'Impératrice Alexandra Féodorovna, M, le Président de la république française, et les membres de la suite sont partis de Krasnoé pour Tsarskoé-Sélo.

Les commandants des divers détachements de troupes ont salué Leurs Majestés et M. le président Loubet à la gare du chemin de fer Baltique.

Après la revue, par train impérial spécial, le Président et Leurs Majestés ont quitté Krasnoé pour se rendre à Tsarskoé. Au moment où le train traverse le passage à niveau, à 100 mètres de la gare, des hourrahs et les cris de : « Vive la France ! Vive la République ! Vive Loubet ! » éclatent et ne cessent que lorsque le train est complètement hors de vue.

A leur retour à Tsarskoé-Sélo, Leurs Majestés se sont rendues au palais Alexandre et M. le président Loubet, accompagné de l'aide de camp général baron Fréederichksz, ministre de la cour, au Grand-Palais.

En quittant le champ de manœuvres, de même qu'à l'arrivée quand le Président passe devant les tribunes et sur tout le parcours du cortège, acclamations, ovations multiples.

Très remarqué à la revue, le Prince Napoléon.

— S. M. l'Empereur a reçu à 6 heures du soir, au palais Alexandre de Tsarkoé-Sélo, une délégation de la « Société française de la médaille militaire », ayant à sa tête, M. Robinet de Cléry. La délégation a présenté à S. M. l'Empereur une épée d'honneur en souvenir du séjour de Leurs Majestés Impériales en France, un album contenant les signatures des personnes participant à ce don et une adresse artistement exécutée.

S. M. l'Empereur a daigné accepter le don et a remercié les membres de la délégation.

Le soir, 50 couverts dans la salle des Maréchaux.

Inutile de dire qu'après une journée semblable, un repos était bien nécessaire. Mais il fallait encore assister au banquet offert par la presse. La fatigue a été vaincue de suite par le charmant accueil qui régnait dans cette nombreuse assistance.

On s'est séparé vers trois heures du matin, il faisait déjà grand jour, nombre de passants escortaient des marins et des civils français et ne cessaient de leur témoigner sympathie et admiration.

— Un banquet de 300 couverts a été offert au théâtre populaire Empereur Nicolas II, aux matelots de l'escadre française par la municipalité de Saint-Pétersbourg. Les marins sont arrivés vers trois heures au théâtre populaire, où les attendaient le maire, M. Lélianow, son adjoint, M. Tarassow, et MM. Troïnitsky, Medvédew, Pétrow, Bouzow et Krioukow, membres de la délégation municipale.

Une foule immense a acclamé par les cris enthousiastes de : Vive la France ! les marins français sur tout le parcours depuis l'embarcadère des bateaux-mouches de la Société finlandaise jusqu'au théâtre. Lorsque la colonne des marins a défilé, à son entrée, devant le portrait de S. M. l'Empereur, les marins ont levé leurs casquettes, en criant : « Vive l'Empereur ! Vive le Tsar ! »

A un signal donné, la salle est plongée dans l'obscurité, le rideau se lève : un tableau vivant représente deux femmes, — la France et la Russie, — se serrant la main et tenant dans la main gauche des branches de myrte.

Un hourra unanime retentit dans la salle. L'orchestre joue alternativement, à trois reprises l'*Hymne Russe* et la *Marseillaise* au milieu de l'enthousiasme général. Les marins ont vu 4 actes de l'Opéra : *La vie pour le Tsar.* La mazurka a fort plu.

Le banquet qui a suivi a été plein de gaieté et de fraternité. Français et Russes ont porté des toasts à la Russie et à la France. A neuf heures du soir, les marins se sont dispersés dans les rues de Pétersbourg, le public ne cessait de leur faire les plus chaleureuses ovations.

# Troisième journée

## A SAINT-PÉTERSBOURG

**22 mai.** — Venant de Tsarskoé-Sélo, le Président de la République française est arrivé aujourd'hui, jeudi, à 9 h. 1/2 du matin, à Saint-Pétersbourg. M. Loubet était accompagné de M. Delcassé, de sa suite militaire, de l'aide de camp général baron Fréedericksz, du contre-amiral Paltow, du colonel Lazarew et du lieutenant de vaisseau Epantchine, agent naval de Russie en France.

Dans les salles impériales de la gare, richement décorées de fleurs, étaient réunis : S. Exc. M. le prince Khilkow, ministre des voies de communication, le lieutenant-général Kleigels, préfet de la capitale, le veneur de la cour, comte Toll, gouverneur de Saint-Pétersbourg, le général-major Krylow, remplissant les fonctions de commandant de place, et une députation du conseil municipal, ayant à sa tête le maire, M. Lélianow.

Une garde-d'honneur du 146e régiment d'infanterie (Tsaritsyne), avec le drapeau et la musique était postée à la gare. Sur le flanc droit de la garde-d'honneur se tenaient MM. l'aide de camp général baron Meyendorff, commandant du 1er corps d'armée, le général-major Popel, chef de l'état-major du même corps d'armée, et d'autres officiers supérieurs.

Au moment de l'arrivée du train impérial dans lequel se trouvait M. le président Loubet, la musique a joué la *Marseillaise*. M. Loubet portait le grand-cordon de l'ordre de Saint-André.

Après avoir échangé des saluts avec les assistants, le Président Loubet a reçu la députation du conseil municipal. Le maire, M. Lélianow, lui a adressé une allocution de bienvenue et lui a présenté, au nom de la ville, le pain et le sel sur un magnifique plat en vermeil. Le Président a remercié la députation et a passé devant le front de la garde-d'honneur qui a défilé ensuite en marche de cérémonie.

Puis, le Président est monté en voiture, avec l'aide de camp général baron Fréedericksz. La voiture présidentielle était escortée d'un détachement de la sotnia des cosaques de l'Oural de la garde.

Le cortège présidentiel s'est rendu ensuite par la perspective Voznessensky, la rue de l'Amirauté, la place et le quai du Palais, à la forteresse de Saint-Pierre et Saint-Paul. Les foules compactes qui se pressaient sur tout le parcours ont fait au Président Loubet des ovations enthousiastes.

A l'entrée de la cathédrale de Saint-Pierre et Saint-Paul, le Président a été reçu par le général Ellis, commandant de la forteresse, et par d'autres officiers supérieurs. Dans la cathédrale, le Président a été reçu par l'archiprêtre Yanyschew, aumônier de Leurs Majestés Impériales, et par le prieur. L'archiprêtre Yanischew a adressé à M. Loubet une allocution de bienvenue, après quoi le Président a visité les sépultures des Souverains. Puis M. Loubet a déposé sur la tombe de l'Empereur Alexandre III une épée en or, dont la garde, en ivoire, est entrelacée d'une branche d'olivier. Les rubans de la dragonne portent l'inscription suivante :

*Fœderis Memor.*
*A l'Empereur Alexandre III, Emile Loubet,*
*Président de la République française.*
*Mai 1902.*

Puis, le Président est allé, par le parc Alexandre, à la maisonnette de Pierre-le-Grand. Après avoir visité la chapelle et l'intérieur de la maisonnette, le Président de la République s'est rendu à l'asile de la Société française de bienfaisance. La voiture présidentielle a passé près du théâtre populaire Empereur Nicolas II, en se dirigeant ensuite vers la 13e ligne de Vassili-Ostrow.

A l'asile de la Société française de bienfaisance, M. le Président Loubet a été reçu par le Père Lagrange. Le Président de la République s'est rendu dans le jardin de l'asile, où a eu lieu la pose de la première pierre d'un dispensaire. A la cérémonie assistaient : une députation du conseil municipal, ayant à sa tête le maire, M. Lélianow, le lieutenant-général Kleigels, préfet de la capitale, son adjoint, M. Frisch, chambellan, le professeur Paulow, chirurgien de la cour, le conseiller Tarénetsky et d'autres personnes.

M. Loubet, M. Delcassé et le marquis de Montebello, ambassadeur de France, avec leur suite, se sont d'abord rendus dans un pavillon expressément érigé pour la circonstance et où Mgr Klopotovsky, métropolitain de toutes les églises catholiques romaines de Russie, assisté de plusieurs prêtres, a célébré un office divin et a adressé à M. le président de la République française l'allocution que voici :

Monsieur le Président,

Le nom de la France a un trop grand prestige dans le monde catholique pour que l'arrivée de celui qui a l'insigne honneur et la glorieuse charge de le représenter, puisse laisser muet un pasteur du troupeau catholique. Permettez-moi, M. le président, de vous féliciter de votre arrivée, qui rencontre une sympathie si universelle qu'elle ne laisse pas de doute que l'alliance de deux grands peuples ne soit basée sur l'amitié des cœurs. La France, dans sa marche civilisatrice et humanitaire, a partout laissé des jalons. Ces jalons sont ses œuvres de bienfaisance et de charité. Permettez-moi, Monsieur le Président, de vous remercier de la bonté avec laquelle vous avez bien voulu prendre part à cette solennité, qui intéresse de si près la colonie française de Pétersbourg. Cette pose de première pierre d'un hôpital va perpétuer parmi nous le nom de la France. Veuille Dieu exaucer nos prières et vous accorder sa récompense au centuple !

Puis M. le président de la République a signé l'acte de la pose de la première pierre, qui a été placé dans un coffre de métal et muré, avec des monnaies, dans la pierre fondamentale.

Le directeur médical de l'hôpital français, M. le docteur Léon Berthenson, a adressé à M. le président de la République l'allocution suivante :

Monsieur le Président ?

Les pensionnaires et le personnel de l'hôpital français sont bien heureux de vous souhaiter la bienvenue et de vous exprimer la plus vive joie à propos de votre arrivée et de votre séjour en Russie qui, à l'heure qu'il est fait battre tous les cœurs, russes et français ; la joie est bien grande partout où on a l'honneur de vous recevoir, mais notre joie ici est bien plus grande encore : elle est, je dirai, sans borne parce que vous nous apportez le bonheur de pouvoir élargir notre cher hôpital, élargir son édifice et son activité, et de joindre en même temps votre nom illustre et vénéré à celui de l'hôpital. Chaque Russe est Français dans son âme, mais avec cela il ne possède pas toujours l'éloquence des Français !... Je ne me sens pas malheureusement capable de vous exprimer toute la chaleur de nos sentiments, c'est pourquoi il ne me reste qu'à vous adresser la prière de croire que ces sentiments sont profonds et sincères et que nous tous ici sommes bien heureux de vous avoir dans notre milieu.

Après la cérémonie, M. le Président Loubet a visité les divers locaux de l'asile et a reçu des députations des Sociétés de bienfaisance françaises de Saint-Pétersbourg, Moscou, Odessa, Varsovie et Kharkow, qui lui ont présenté des adresses et des cadeaux.

M. le Président de la République s'est rendu ensuite à l'ambassade de France.

Formidables sont les ovations. Détail très amusant : en revenant de l'asile français, en passant sur le quai anglais, un phonographe mis en mouvement par un jeune homme chante la *Marseillaise !!*

De plusieurs croisées ouvertes sur le passage du cortège on entend « forte » de *Marseillaise* au piano.

A son arrivée à l'ambassade de France, M. le président de la République a reçu une députation du conseil municipal, ayant à sa tête le maire, M. Lélianow, qui lui a présenté des souvenirs de la part de la ville.

M. le président Loubet a remercié la députation de l'accueil qui lui était fait dans la capitale, ainsi que des souvenirs.

Puis le Président de la République a passé dans la grande salle à manger de l'hôtel de l'ambassade, où a été servi un déjeûner de cent couverts.

M. le président Loubet a pris place au centre de la table. A sa droite étaient assis : LL. EE. MM. le secrétaire d'Etat comte Lamsdorff, ministre des Affaires étrangères, le secrétaire d'Etat Dournovo, président du comité des ministres, le secrétaire d'Etat Witte, ministre des Finances, l'aide de camp général Kouropatkine, ministre de la

Guerre, l'écuyer de la cour baron Budberg, gérant de la chancellerie des requêtes, LL. EE. MM. le marquis de Montebello, ambassadeur de France, le prince Obolensky-Nélédinsky-Méletsky, adjoint du ministre des Affaires étrangères, le vice-amiral Roustan, le général-major Rydzevsky de la suite de S. M. l'Empereur, M. Zinoview, maréchal de la noblesse de la province de Saint-Pétersbourg, MM. Markow, Evréinow et Jung.

A la gauche du Président Loubet étaient assis : MM. le secrétaire d'Etat comte Pahlen, le comte Bobrinsky, sénateur, le prince Khilkow, ministre des voies de communication, M. Sabler, remplaçant le procureur général du saint-synode, l'aide de camp général baron Fréedericksz, M. Combarieu, l'aide de camp général Tyrtow, gérant du ministère de la marine, le prince Troubetskoï, ainsi que les chefs des députations des colonies françaises des diverses villes.

En face du Président Loubet était assis M. Delcassé, ayant à sa droite : MM. l'aide de camp général Richter, le conseiller privé actuel Yermolow, ministre de l'Agriculture et des domaines, le général Lobko, contrôleur de l'Empire, le conseiller privé Sanger, gérant du ministère de l'Instruction publique, le lieutenant-général Kleigels, le prince Galitsyne, M. Dubois, le général-major Krylow, le maître de la cour Coniar, le docteur Berthenson, etc.

A la gauche de M. Delcassé ont pris place : MM. l'aide de camp général Obroutchew, le secrétaire d'Etat Plewe, ministre de l'Intérieur, le prince Ouroussow, le maître de la cour Tanéiew, Mgr Klopotowski, métropolitain des églises catholiques-romaines de Russie, M. Boutiron, ministre plénipotentiaire de France, le général-major Mossolow, de la suite de S. M. l'Empereur, M. Téliakovsky, directeur des théâtres impériaux, le maire de Saint-Pétersbourg, M. Lélianow, le colonel Lazarew et le lieutenant de vaisseau Epantchine.

Des tables pour les autres invités étaient dressées dans la petite salle à manger.

Le Président de la République a quitté l'ambassade à 2 h. 45 et s'est rendu à la laure de Saint-Alexandre-Newsky.

Tout le parcours de la perspective n'est qu'une clameur, un enthousiasme, on s'écrase maintenu par la police.

A son arrivée à la laure, M. le président Loubet a été reçu par le supérieur du monastère et par M. Sabler, qui l'ont accompagné dans la cathédrale de la Trinité, où se trouvait M^gr^ Antoine, métropolite de Saint-Pétersbourg et de Ladoga, revêtu de ses insignes sacerdotaux et entouré du haut clergé. M^gr^ Antoine a adressé au président Loubet une allocution de bienvenue. Puis le métropolite a accompagné le Président et M. Delcassé près des reliques de saint Alexandre-Newsky. Après avoir visité la cathédrale, M. le président Loubet et M. Delcassé ont passé dans les appartements du métropolite, où le Président de la République a remis à M^gr^ Antoine une croix pastorale en or, ornée de pierres précieuses.

M^gr^ Antoine a adressé au président Loubet cette allocution et l'a béni avec une image sainte :

Le couvent du prince orthodoxe Alexandre Newsky vous salue avec joie, Monsieur le Président, à votre titre de glorieux chef de la grande nation française, illustre dans l'histoire et qui est l'amie de la grande nation russe. Le patron de ce couvent, le saint grand-duc, avait fait il y a plusieurs siècles des efforts infatigables en faveur du développement pacifique de notre chère patrie, en la protégeant contre des attaques hostiles venant de l'Est et de l'Ouest, et en mémoire de ses héroïques exploits aussi glorieux que patriotiques, qu'il avait accomplis sur les bords de la Néva, il a reçu de la postérité reconnaissante le surnom de « Newsky. »

Sur les mêmes bords de la Néva, vers lesquels se porte aujourd'hui l'attention du monde entier, le Tsar russe orthodoxe et le chef de la France se donnent la main au nom de l'amitié, pour la protection du développement pacifique et la prospérité du peuple russe et du peuple français. C'est avec allégresse que battent les cœurs de tous les Russes qui saluent sur leur sol natal l'illustre hôte et ami du Tsar pacifique. Nous sommes doublement heureux de vous saluer dans les murs de notre couvent et nous prions Dieu de faire descendre ses bénédictions sur vous et sur tout le glorieux peuple français. Puisse le Seigneur bénir votre arrivée parmi nous !

L'allocution de Mgr Antoine a été traduite en français à M. le président Loubet par M. le sénateur Sabler, adjoint du procureur général du saint-synode.

M. le Président de la République française a remercié en termes chaleureux le métropolite et a quitté la laure à 3 h. 45, pour se rendre à la cathédrale d'Isaac.

Quand le cortège repasse sur la perspective Newsky, la police est à un moment donné débordée. On est un instant inquiet. L'ordre est très vite rétabli et le Président et sa suite passent au milieu des applaudissements, des hourras interminables.

Après avoir visité la cathédrale, M. le président Loubet s'est rendu au Palais-d'Hiver, où il a été salué par le général-major Spéransky, de la suite de S. M. l'Empereur, et par le colonel Istomine. Le Président a été conduit dans la salle des Armes, où étaient réunis, à la tête de diverses députations, les ministres de l'Intérieur et des Finances, le gouverneur de Saint-Pétersbourg, le maître de la cour Coniar et des secrétaires de la direction des cérémonies.

La députation de la noblesse, pour offrir pain et sel, ayant à sa tête M. Zinoview, maréchal de noblesse de la province, a présenté au président Loubet l'adresse suivante :

Monsieur le Président,

Il est des événements dont les paroles les plus éloquentes ne sauraient pleinement rendre l'importance et dont pourtant les suites font vibrer tous les cœurs. C'est ainsi que l'union de la France et de la Russie, cette alliance pacifique et cependant si imposante, toute âme patriotique en saisit avec émotion l'effet bienfaisant et profond.

Les acclamations joyeuses et spontanées, qui en ces jours saluent en Russie le chef de l'Etat du beau pays de France, retentiront aussi vives que sincères dans notre vaste patrie, qui, il y a quelques mois encore, suivait avec un intérêt palpitant le récit du merveilleux accueil que nos Souverains bien aimés ont trouvé en France.

Les maréchaux de noblesse de la province de Saint-Pétersbourg sont heureux de cette nouvelle occasion de proclamer leur admiration dévouée à la France alliée et c'est de ces sentiments inaltérables, Monsieur le Président, que très respectueusement nous vous prions aujourd'hui d'agréer le témoignage.

Puis M. le président Loubet a reçu diverses députations du zemstvo, le conseil municipal de Saint-Pétersbourg *in corpore* qui lui a offert un album d'aquarelles représentant des vues de Saint-Pétersbourg, une députation du Conseil municipal de Moscou et des députations des chefs-lieux des divers districts de la province de Saint-Pétersbourg, ainsi que des paysans.

M. le président Loubet est reparti ensuite pour Tsarskoé-Sélo.

— S. Exc. M. le secrétaire d'Etat comte Lamsdorff, ministre des Affaires étrangères, a donné aujourd'hui jeudi, dans la salle de marbre bleu de l'hôtel du ministère, un dîner en l'honneur du ministre français des Affaires étrangères, M. Delcassé, et auquel étaient invités S. Exc. M. l'ambassadeur de France, marquis de Montebello, l'amiral Roustan, le général Dubois, chef de la maison militaire du président de la République et M. Depret, secrétaire privé de M. Delcassé.

Parmi les invités se trouvaient la princesse Obolensky et la princesse Orbéliani, demoiselles d'honneur de LL. MM. les Impératrices, LL. Exc. MM. les secrétaires d'Etat Yermolow, ministre de l'Agriculture et des Domaines, de Witte, ministre des Finances, Mouraview, ministre de la Justice, et Tanéiew, chef supérieur de la chancellerie particulière de S. M. l'Empereur, avec leurs épouses et leurs filles; LL. Exc. MM. l'aide de camp général Kouropatkine, ministre de la Guerre, l'aide de camp général Tyrtow, gérant du ministère de la Marine, de Plewe, ministre de l'Intérieur, le prince Kilkow, ministre des voies de communication, le général Sakarow, chef de l'état-major général, avec son épouse, le vice-amiral Avelane, l'amiral Lohmen; LL. Exc. MM. l'ambassadeur de Russie à Paris, prince Oroussow, l'ambassadeur à Vienne, comte Kapnitz, avec son épouse, le prince Obolensky-Nélédinsky-Méletsky, adjoint du ministre des Affaires étrangères, et le premier conseiller du ministère, maître de la cour, Basile.

Ont également assisté au dîner, le prince Orlow, adjoint du chef de la chancellerie du quartier général, et M. Voïéikow, capitaine au régiment des chevaliers-gardes, avec leurs épouses, ainsi que le prince V. Obolensky, aide de camp dr S. M. l'Empereur, le chambellan baron Wolff, le maître des cérémonies en fonctions Savinsky, le gentilhomme de la chambre Vénévitinow, et le prince Ouroussow, attaché à la chancellerie ministérielle.

L'orchestre d'instruments à cordes nationaux russes du régiment des gardes à cheval, s'est fait entendre pendant le dîner.

# Quatrième journée

**Le départ.** — Une communication de l'*Agence télégraphique russe* constate que l'escadre française en quittant demain, vendredi, les eaux russes fera la traversée de Cronstadt à Copenhague à la vitesse de vingt nœuds.

M. le président Loubet débarquera dimanche, à 11 heures du matin à Copenhague, fera une visite à S. M. le roi de Danemark et remontera ensuite à bord du *Montcalm*, qui reprendra la mer à 4 heures, à destination de Dunkerque, où il est attendu pour mardi.

S. A. I. Mgr le grand duc héritier Michel Alexandrovitch s'est rendu ce matin, vendredi, chez M. le président Loubet au Grand-Palais de Tsarskoé-Sélo. Puis M. le président de la République française et S. A. I.

M$^{gr}$ le grand duc héritier ont quitté ensemble le Grand Palais pour se rendre chez Leurs Majestés Impériales au palais Alexandre.

Bientôt après Leurs Majestés Impériales et M. le président Loubet se sont rendus au pavillon impérial du chemin de fer. Dans la première voiture, escortée par un détachement de cosaques de l'Oural de la garde, ont pris place S. M. l'Empereur et M. le président Loubet, S. M. l'Impératrice Marie Féodorovna et LL. AA. II. M$^{gr}$ le grand duc héritier Michel Alexandrovitch et M$^{me}$ la grande-duchesse Olga Alexandrovna suivaient dans la deuxième voiture, S. M. l'Impératrice Alexandra Féodorovna avec S. A. I. M$^{me}$ la grande-duchesse Elisabeth Féodorovna dans la troisième voiture. Des détachements du bataillon de la garde, des hussards de S. M. l'Empereur, des cuirassiers de S. M. l'Impératrice et des bataillons des tirailleurs de la garde, avec leurs musiques, formaient la haie sur le parcours du cortège, les musiques jouaient la *Marseillaise*, tandis que les troupes et le public poussaient des hourras !!!

Près du pavillon impérial étaient réunis LL. AA. II. Mgr le grand duc Pierre Nicolaïévitch, Mme la grande duchesse Militsa Nicolaïevna, les membres de la suite immédiate de S. M. l'Empereur, le ministre de la cour et les autorités locales.

Leurs Majestés, M. le président Loubet et Leurs Altesses Impériales sont montés en wagon aux sons de la *Marseillaise* et au milieu d'acclamations enthousiastes. Le train impérial s'est dirigé sur Péterhof, où Leurs Majestés et M. le président Loubet sont remontés en voiture pour se rendre à l'embarcadère.

La voiture dans laquelle ont pris place S. M. l'Empereur et M. le président Loubet était accompagnée d'un détachement de l'escorte particulière de Sa Majesté. Des lanciers de la garde et des grenadiers de la garde formaient la haie sur le parcours du cortège. A l'embarcadère était postée une garde d'honneur de grenadiers de la garde, avec le drapeau et la musique.

Dans le pavillon de l'embarcadère se trouvaient LL. AA. II. Mgrs les grands ducs André Vladimirovitch, Alexis Alexandrovitch, Dmitri Constantinovitch, Nicolas Nicolaïevitch, Dimitri Constantinovitch, les princes Georges Maximilianovitch et Alexandre Guéorguiévitch Romanovsky, ducs de Leuchtenberg, l'aide de camp général Tyrtow, gérant du ministère de la marine, l'aide de camp général Hesse, commandant des palais, et les autorités locales.

S. M. l'Empereur et M. le président Loubet ont passé devant le front de la garde d'honneur, sur le flanc droit de laquelle se tenait S. A. I. Mgr le grand duc Dmitri Constantinovitch. Puis Leurs Majestés, M. le président Loubet et Leurs Altesses Impériales, avec les membres de la suite, sont montés à bord du yacht impérial *Alexandrie*, qui a hissé l'étendard impérial et le pavillon du Président de la République française. Au moment où l'*Alexandrie* levait l'ancre, des salves ont été tirées par l'artillerie du port.

Dans la petite rade de Cronstadt étaient mouillés les yachts impériaux *Etoile Polaire* et *Standart*, le croiseur-torpilleur *Possadnik*, les vapeurs *Ijora*, *Lédokol* et *Fontanka*, les croiseurs français *Montcalm* et *Cassini* et les torpilleurs *Yatagan* et *Fauconneau*. Tous ces navires étaient pavoisés. Le ciel était couvert.

L'*Alexandrie* est allée jeter l'ancre entre le *Standart* et le *Montcalm*.

M. le président Loubet, avec sa suite, est monté sur le cutter à vapeur *Péterhof* et s'est rendu à bord du *Montcalm*.

Bientôt après, Leurs Majestés Impériales se sont rendues sur le même cutter à bord du *Montcalm*. M^gr le grand amiral Alexis Alexandrovitch et les autres membres de la famille impériale sont montés sur le cutter *Baleine* pour se rendre également à bord du *Montcalm*.

Leurs Majestés Impériales ont été reçues à la coupée du *Montcalm* par le vice-amiral Roustan, et sur le pont par M. le président Loubet, entouré de sa suite. Les hommes de l'équipage du *Montcalm* étaient rangés sur le pont.

M. le président Loubet a offert le bras à S. M. l'Impératrice Féodorovna, après quoi Leurs Majestés et M. le président se sont dirigés vers une tente aux couleurs franco-russes dressée à la poupe du croiseur. Deux élégants petits salons, formés d'armes blanches et d'agrès de navire, avaient également été improvisés sur le pont pour LL. MM. l'Impératrice Marie Féodorovna et l'Impératrice Alexandra Féodorovna. A l'intérieur, ces petits salons étaient ornés de magnifiques tapisseries des Gobelins, d'objets en bronze et en porcelaine de Sèvres et de plantes rares.

Dans la tente improvisée à la proue du croiseur était dressée une table à manger, qu'une fleuriste expressément venue de France a ornée avec un goût exquis d'orchidées et de roses d'une remarquable beauté.

Pendant le déjeuner, M. le président Loubet a porté le toast suivant :

Sire,

En venant à bord du *Montcalm* avec Sa Majesté l'Impératrice, vous avez fait à la marine française un honneur qu'elle ressentira profondément.

Les sentiments de nos marins pour leur braves camarades de la marine russe ne laissent passer aucune occasion de se manifester : c'était avant hier dans les mers de l'Extrême-Orient ; c'était hier dans la Méditerranée. Et partout leur accord est comme le témoignage de l'union de leur pays.

J'emporterai de mon séjour dans cet Empire hospitalier un chaud et impérissable souvenir.

Et la France, qui a appris avec joie l'accueil fait à son représentant, restera attachée à l'alliance dont la Russie apprécie, comme elle, l'action bienfaisante.

Je bois aux succès et à la gloire de la vaillante marine russe.

La musique a joué l'hymne russe.

S. M. l'Empereur a répondu par le toast suivant :

Il nous est infiniment agréable, à l'Impératrice et à moi, de nous retrouver au milieu des braves marins français, et c'est avec un plaisir tout particulier que nous nous sentons en France à bord de ce beau bâtiment.

Nous vous remercions cordialement de votre visite, monsieur le Président, et vous prions de transmettre nos messages les plus sympathiques, ainsi que nos meilleurs souhaits, à la France amie fidèle et invariable alliée de la Russie.

Je lève mon verre à la prospérité de la glorieuse marine française.

La musique a joué la *Marseillaise*.

Après le déjeuner, Leurs Majestés et Leurs Altesses Impériales ont pris congé de M. le

Président de la République française et, saluées par les salves *Montcalm*, se sont rendues à 3 h. 55 à bord du yacht impérial *Alexandrie*. Le yacht impérial *Etoile Polaire* a répondu par des salves au *Montcalm*.

Durant que le yacht impérial *Alexandrie*, se dirigeait sur Péterhof, l'escadre française prenait la mer après avoir rendu des salves multiples.

S. M. l'Empereur a fait don à la marine française d'une magnifique *bratina* en argent, de dimensions extraordinaires. Cette *bratina* représente un ancien bateau russe, sur la poupe duquel se tient debout un ancien guerrier russe en armure complète.

**Le 24 mai.** — L'escadre présidentielle fait route vers Copenhague, le temps est bien plus beau qu'au départ, ce qui permet de marcher à une allure de 18 nœuds.

**Le 25 mai.** — *Le Cassini* suivi par *Le Fauconneau* et *Le Yatagan* s'est dirigé vers la capitale du Danemark, en vue laquelle il arrive exactement à 11 heures. Le roi Christian, malgré ses quatre-vingt quatre ans, tient à venir chercher lui-même le Président. Le roi est reçu par l'amiral Roustan. Après les saluts et compliments de bienvenue, le Président présente au roi les personnages de sa suite. Le fils du Président, M. Paul Loubet, cause quelques instants avec le roi qui s'inquiète des nouvelles de la traversée et de la santé de M<sup>me</sup> Loubet.

Descendu à terre, le Président rend visite à la princesse et au prince royal et au prince Valdemar.

A midi 1/2 a lieu le déjeûner qui s'est terminé par un toast porté par le Roi et un autre par le Président Loubet.

Le Roi et le Président sont montés en voiture, et à 3 h. 1/2 ils arrivaient au port où M. Loubet prenait congé de ses hôtes. Avant de se séparer, des décorations ont été échangées, parmi lesquelles nous relevons la nomination de M. Combarieu, secrétaire-général de la Présidence, comme Grand-Croix de Danneberg.

**Le 27 mai**, arrive à Dunkerque avec quelques heures de retard occasionné par un temps épouvantable, l'escorte présidentielle. Les cérémonies ont toutes été écourtées car le Président désirait être rendu à Paris à l'heure fixée. A cause de la catastrophe de la Martinique, peu de drapeaux, et point de décoration officielle.

Il est 11 h. 1/2, lorsque M. Loubet descend sur le torpilleur *Sainte-Barbe* qui a accosté le *Montcalm*. Le maire, M. Dumont, présente le Conseil municipal et s'exprime ainsi :

Vous ne retrouverez pas à Dunkerque cette brillante parure qu'elle s'était plu à revêtir en votre honneur, au jour encore si près de nous, où vous inauguriez avec tant d'éclat notre maison commune ; c'est qu'un deuil sans précédent pèse en ce moment sur notre grande famille française et nous impose les plus graves devoirs.

Dans cette douloureuse épreuve, le conseil municipal a la certitude d'avoir devancé vos désirs en obtenant de notre population le sacrifice de ses traditions de luxe et de coquetterie, et en lui affirmant que vous lui sauriez gré de préférer à ces splendeurs d'un jour, la satisfaction durable de contribuer dans une large mesure au soulagement d'une poignante infortune. Quelques-uns s'étonneront peut-être de la simplicité de la réception que nous faisons au chef de l'Etat, mais vous, monsieur le président, j'en ai la ferme assurance, vous reconnaîtrez, dans cette simplicité même, le plus bel hommage que nous puissions rendre aux généreuses aspirations de votre cœur.

M. Loubet fait à ce discours la réponse suivante :

Je vous remercie, monsieur le Maire d'avoir interprété, comme vous venez de le faire, les sentiments que j'éprouve. Si je me suis réjoui et si j'ai assisté, le cœur léger en apparence, à toutes les fêtes données en l'honneur de la France par la Russie et la famille impériale, mon cœur n'oubliait pas le deuil qui frappe la France, le deuil que la patrie entière ressent si cruellement dans cette terrible catastrophe.

Ce qui doit nous réconforter, c'est l'unanimité des sympathies que nous avons trouvées dans le monde entier, et ce n'est pas sans émotion que j'entendais, il y a quelques jours, l'empereur de Russie m'annoncer qu'il faisait parvenir à la souscription ouverte en France pour les victimes, la somme de 250,000 francs.

Le président accompagné par les Ministres se rend à la Chambre de commerce, où ont lieu les présentations. M. Gérard, ministre de France à Bruxelles, présente une délégation des 14 Chambres de commerce françaises de Belgique.

Un grand banquets de 100 couverts a lieu ensuite. M. Loubet suivi par le président du Conseil et les ministres se rend à la gare à 2 h. 35.

A Paris le train présidentiel entre en gare à 6 h. Les troupes massées devant la gare du Nord présentent les armes, lorsque débouche le landau présidentiel dans lequel ont pris place, à coté du Président, M. Waldeck-Rousseau et en face M. Delcassé et M. Combarieu.

Les rues de Dunkerque, de Maubeuge, sont noires de monde, des hourras frénétiques saluent le retour du président Loubet la joie est peinte sur tous les visages, et quelques cris de : Vive l'Alliance franco-russe se font entendre.

Ce grand et mémorable voyage terminé, le Président se rend à l'Elysée où un grand dîner réunit les ministres et les membres de la maison civile et militaire.

# CARTES POSTALES ILLUSTRÉES

Nous avons cru être agréables à nos lecteurs en leur donnant dans un chapitre spécial la nomenclature détaillée des cartes postales franco-russes publiées depuis le premier voyage de l'Empereur et de l'Impératrice de Russie en 1896. A cette époque, la carte postale politique n'avait point encore fait son apparition, ou du moins avant cette date on comptait très peu de collectionneurs ; aujourd'hui, comme nous l'avions pronostiqué dans le volume *Le Tsar à Paris en 1896*, il ne se passe aucun événement important qui ne soit aussitôt l'objet de cartes postales nouvelles.

Nous nous sommes donc adressés à M. Xavier Granoux possesseur d'une riche collection de cartes politiques et nous l'avons prié de bien vouloir écrire pour nos fidèles lecteurs le chapitre suivant se rapportant à l'alliance franco-russe depuis 1896, par la carte illustrée. Ce travail a été arrêté à la date du 27 mai 1902. Jusqu'à cette époque il était paru environ 360 cartes différentes.

Voici la nomenclature faite par ordre chronologique.

## 1894

**Carte lettre** éditée lors de la mort d'Alexandre III. Sur cette carte ; à droite, un timbre à son effigie, la date de la naissance : 26 février 1845, et celle de la mort : 1er novembre 1894 ; à gauche, l'aigle russe et cette inscription : *Carte-lettre, union postale internationale. Cronstadt 1891, Toulon 1893.* Cette carte est en deuil.

C'est une des premières cartes qui ait été publiée.

## 1896

**Quatre Cartes postales commémoratives** Franco-Russes : bustes de Carnot et de Félix Faure, d'Alexandre III et de Nico-

*Planche III.*

las II, groupés en médaillons avec inscriptions sur des banderoles. La même carte a été tirée en quatre couleurs.

Trois Cartes postales : **Souvenir de la visite en France de l'Empereur et de l'Impératrice de Russie — 1896.**

Chacune de ces trois cartes a un portrait différent : à droite, le Tsar, la Tsarine et Félix Faure et à gauche, un écusson au centre duquel se trouve le portrait du Tsar ; cet écusson est le même pour les trois cartes.

**Deux Cartes commémoratives** des 5, 6, 7, 8 et 9 octobre 1896. Sur la gauche, portrait du Tsar et de la Tsarine. Composition du dessinateur Moulignie.

Trois cartes postales sur carton blanc, avec sujets en phototypie tirés en vert et de provenance étrangère portant la mention : **Souvenir des Fêtes Franco-Russes.** Dans des médaillons, les portraits : 1° du Tsar, de la Tsarine et de la grande duchesse Olga ; 2° le Tsar, la Tsarine, le défilé du cortège, la pose de la première pierre du pont Alexandre III ; 3° le cortège passant devant l'Arc-de-Triomphe ; 4° la pose de la première pierre du pont ; 5° l'arrivée à l'hôtel de ville ; 6° devant le tombeau de Napoléon.

Une carte postale, **Souvenir de la visite du Tsar et de la Tsarine à Paris, 1896.** bustes du Tsar et de la Tsarine dans des médaillons ovales, accolés et enfermés dans un cadre rocaille, surmontés de la couronne impériale. Sur le haut, l'amour tenant une draperie; en bas, l'aigle impériale.

Carte postale publiée à l'occasion de la **visite du Tsar et de la Tsarine en France.** Photographies des souverains dans deux cadres reliés par un écusson. Sur le devant, la Renommée une palme en main. Dans le haut, un amour tenant une banderole.

Deux cartes postales publiées à l'occasion du **voyage du Tsar en France,** portrait du Tsar en simili gravure sur le côté gauche de la carte.

**La même carte** existe pour la Tsarine.

Carte postale, **Souvenir de la visite du Tsar et de la Tsarine à Paris.** Portraits d'après des photographies.

Sept Cartes postales, **Portraits du Tsar et de la Tsarine** dans des médaillons ornés de cadres : au milieu, M. Félix Faure ; sur le devant, un amour tenant les écussons Franco-Russes avec les drapeaux des deux nations ; au-dessous, *Souvenir de la visite de LL. MM. le Tsar Nicolas II et de la Tsarine Maria Feodorovna de Russie à la Nation Française 1896*, six autres cartes ont paru avec même sujet : la 1re, *l'arrivée à Cherbourg* ; la 2e, *l'arrivée à Paris* ; la 3e, *feu d'artifice du Trocadéro* ; la 4e, *pose de la première pierre du Pont Alexandre III* ; la 5e, *arrivée des Souverains à Versailles* et la 6e, *la revue de Châlons*. Ces cartes sont en couleurs, genre chromo.

Quatre cartes représentant différentes scènes des fêtes **Franco-Russes** données à Paris en 1896 en l'honneur des Souverains Russes avec cette inscription : *Souvenir des Fêtes franco-russes. Paris, octobre 1896.*

## 1897

Vingt-quatre cartes, **Souvenir du voyage de M. Félix Faure en Russie.**

Chaque carte de cette série est composée de plusieurs dessins représentant les vaisseaux des escadres Russe et Française, des monuments Russes ainsi que des portraits du Tsar, de la Tsarine et de M. Félix Faure et de certains personnages de leur suite.

## 1898

Trois Cartes postales, **Honneur au Tsar Nicolas II qui a eu l'idée du désarmement universel, 1898.**

A gauche, la Paix cassant un glaive, puis dans le haut, à droite, portrait du Tsar. La tête est surmontée d'une étoile et entourée d'une auréole dans laquelle on lit :

*humanitas*, très jolie carte, qui a été éditée en cinq langues différentes.

**Gotha du rire.** Portraits-Charges des Souverains dessinés par *Léandre* et *Veber*, reproduction en couleurs — dix cartes. Le numéro 8 seul nous intéresse. Au centre, le Tsar ; à droite, une gentille petite République à genoux l'embrasse ; à gauche, le coq gaulois ; de chaque côté, un drapeau sur lequel on lit : *Toulon, Cronstadt.*

## 1899

**Le Musée de Sires** par Roubille, — dix cartes en couleurs, le numéro 4 seul a rapport à l'Alliance Franco-Russe. Nicolas II. Notre petit père, le Tsar, tient par la taille la Républipue qui lui sourit gracieusement en lui offrant un sac.

## 1900

**Carte postale du XXe siècle**, série de quatre cartes allégoriques par Georges Grellet, une seule nous occupe, celle de l'Alliance Franco-Russe. L'ensemble de la carte représente deux femmes : l'une la Russie, l'autre la France. Au centre, le Soleil avec le mot *Paix* au-dessus duquel flottent les drapeaux Russe et Français ; plus bas, un Lion, puis on lit au bas de la Carte : *Qui s'y frotte s'y pique.*

Deux Cartes en couleurs **Exposition** : la première le Président de la République, M. Loubet qui reçoit tous les chefs d'Etats pendant l'Exposition universelle, à Paris, 1900 ; en haut et à droite : *Vive la Paix*. Le premier personnage qui se détache du groupe des Souverains est le Tsar Nicolas II, Empereur de Russie. La deuxième a rapport au même sujet, on y lit en haut : *Souvenir de l'Inauguration de l'Exposition Universelle.* Vue d'ensemble de l'Exposition sur laquelle flotte le drapeau français (toujours le Tsar au premier rang).

Carte réclame, éditée par le *Passe-Partout de l'Exposition de 1900* ; réclame pour engager le public à venir visiter le Panorama du couronnement de Sa Majesté Nicolas II au Pavillon de l'Asie russe, au Trocadéro.

**Les Souverains d'Europe,** portraits des Reines et Impératrices, reproduits en platinotypie d'après les photographies officielles. Série de quarante cartes, dont trois seulement nous intéressent : le Tsar, la Tsarine et l'Impératrice douairière de Russie.

Douze cartes avec notices ayant pour titres les **Chefs d'Etats d'Europe** (éditées par Raphaël Tuck et fils) celle qui représente l'Empereur a cette notice : *Nicolas II, né le 18 mai 1868, marié en 1894 à la Princesse Alix de Hesse qui prit le nom d'Alexandra Feodorovna, Empereur le 1er novembre 1894.*

Cartes postales, les **Souverains,** quinze cartes satyriques de Léal de Camara d'après « l'Assiette au Beurre ». Une seule nous intéresse, *le Tsar Nicolas II, Empereur et* *autocrate de toutes les Russies..*, Portrait-Charge.

**Les Souverains à l'Exposition en 1900** par Bianco, Portraits-Charges des Souverains les plus en vue et principaux personnages de leur entourage. Une seule nous occupe, le numéro 1, S. M. Nicolas II, Empereur de Russie en bac conduit par lui-même ; au fond, une femme représentant la ville de Paris. Le drapeau Impérial russe forme la voile sur laquelle on lit : *Vive la Paix.*

**Le Clou-rêve** de l'Exposition de 1900 : Dans un superbe mail-coach, artistement fleuri, l'auteur a représenté le Char de la Paix, dans lequel se trouvent réunis à Paris les Souverains de toutes les puissances conduits par le Président de la République Française. Des canons, des tronçons d'armes, témoignages d'une civilisation barbare, sont jetés à droite et à gauche de la route pour faire place aux Etats-Unis d'Europe.

Série de douze cartes dessinées par Norwin ayant pour titre : **projet de timbre**. Le numéro 8, a rapport à Nicolas II ; au centre, le buste du Tsar sur fond noir ; en haut, à droite, le drapeau français ; à gauche, le drapeau russe et de chaque côté des vaisseaux au-dessus desquels on lit : à droite, *France, Russie* et à gauche, *Toulon, Cronstadt.*

Carte en couleur formée de 22 médaillons représentant les **Chefs d'Etats** qui ont participé à l'Exposition de 1900. A commencer par Alphonse XIII, Royaume d'Espagne, Nicolas II, Empire de Russie, M. Loubet, République Française, etc., etc.

Ces Médaillons sont au milieu d'un laurier surmonté du drapeau français.

## 1901

Carte postale, **Souvenir de la visite de l'Empereur et de l'Impératrice de Russie**, *Dunkerque, Reims, Compiègne, septembre 1901.* A droite de la carte, l'aigle russe ; à gauche, un écusson au centre duquel se trouve le portrait du Tsar. Cet écusson est formé du manteau royal surmonté de la couronne.

Carte postale **1901**. Le nombre 1901 occupe toute la surface du bristol, les chiffres 1901, imprimés en rouge, ont reçu avant de sécher complètement une poudre diamantée qui produit un miroitement du plus curieux effet ; dans le 9 et le 0 s'encadrent les portraits du Tsar et du Président sur fond bleu, en haut les mots *Dunkerque, Paris, Reims.*

Carte postale représentant un trophée de drapeaux : à droite, le drapeau français ; à gauche, le drapeau russe ; au centre, deux médaillons : l'un représentant **M. Loubet, président de la République**; l'autre, le **Tsar S. M. Nicolas II, Empereur de Russie.** Les deux drapeaux sont reliés au bas par un nœud de ruban tricolore ; le tout est encadré de rayons de soleil et de feuilles de laurier — cartes en couleurs.

Carte postale, **Question** : *Cherchez le gage de Paix, effet d'optique.* La question à résoudre est de faire serrer par le Tsar la main du Président de la République.

Série de trois cartes postales illustrées, ornées à gauche de deux timbres factices représentant le **Tsar** et **M. Loubet**. Au-dessous, l'aigle russe ; entre les timbres, le coq gaulois ; au-dessus, la République ; à sa gauche, sur une banderole, *21 septembre 1901 ;* à droite, *Dunkerque, Reims, Compiègne.*

Chaque carte est faite pour une ville différente :

1° La carte de **Dunkerque** bleu représente à gauche et au bas une vue du port ; en haut et à droite un timbre factice du format et du genre des timbres américains, nous montre le Tsar, la Tsarine et leur suite reçus par le Président Loubet ; en haut de ce timbre : *Débarquement, Cherbourg ;* au bas, *18 septembre.*

2° La carte de **Compiègne** blanche est

ornée au bas et à gauche d'une vue du château.

3° La carte de **Reims-Bétheny** rouge, nous montre la cathédrale.

Carte postale commémorative de **la revue de l'armée**, dessinée par G. Demeufve, artiste lorrain. Ce dessin, fort original, est exécuté dans les couleurs nationales de la Russie, c'est-à-dire en jaune et noir et représente notre Président agitant son chapeau haut de forme, son auguste hôte, Nicolas II, secoue assez vigoureusement son bonnet d'astrakan. Ce petit incident se passe sur le champ de la revue ; dans le lointain défilent les escadrons.

Carte postale éditée par Pierre Petit, intitulée : **le Triomphe de la Paix** avec les portraits des Souverains encadrés dans les plis des drapeaux français et russe.

Deux Cartes postales **Pour les Boërs** représentant des champs de bataille, à droite et à gauche les portraits en médaillons de

Krüger et du Tsar sur l'une ; de M. Loubet sur l'autre.

Cartes postales avec des **médaillons** de l'Empereur Alexandre III, de l'Impératrice, de l'Empereur Nicolas II, des présidents Loubet, Faure et Carnot et des vues de Dunkerque, Compiègne, Reims, Paris.

Ces deux cartes ne sont pas du même éditeur.

Trois Cartes postales, **Franco-Russe-Boërs** : La 1re représente trois soldats formant la triple alliance ; au-dessus d'eux, les grandes figures de la France et de la Russie ; au premier plan : M. Chamberlain mendiant un allié.

La 2e représente Krüger soufflettant Chamberlain, tandis que le Tsar et le Président se donnent l'accolade.

La 3e nous montre M. Loubet et Nicolas II en automobile, écrasant Chamberlain, accident qui réjouit fort l'Allemagne et l'Italie.

**Le Tsar à cheval,** édition spéciale du Cartophile, éditée en 1901, en l'honneur de la Revue de Bétheny.

**L'Armée Russe**. photographies d'après nature, par MM. Jongh frères : Hussards, grenadiers, lanciers, cosaques, infanterie, artillerie, cyclistes militaires, chiens et chameaux de régiment, pigeonnier militaire, etc. Cette magnifique collection de 50 clichés, qui parut précisément au moment ou le Tsar honora de sa présence la revue de Reims, est une sorte d'hommage rendu à nos amis et a été, sinon le plus grand, au moins le plus durable succès des fêtes, que la France à faites à son illustre visiteur.

Six Cartes postales, série de six cartes, représentant toute la **famille Impériale de Russie** ; très belle édition.

Série de douze cartes, ayant rapport à la **venue du Tsar** en France (1901), deux de ces cartes représentent « le Standart » et le

« Cassini ». Les dix autres cartes sont la reproduction de clichés ayant trait aux manœuvres des forts de Fresnes et Witry.

Série de six cartes, ayant rapport à la **visite du Tsar en France.** La 1re représente la *rencontre en mer du Tsar et du Président.* La 2e est la *Revue de l'Escadre sur la dunette du « Cassini ».* La 3e, *la visite du Tsar au bateau « Amiral Masséna ».* La 4e, *l'Arrivée à Compiègne.* La 5e, *Revue de Reims* et la 6e, *le Toast de la Paix.*

Série de quatre cartes ayant rapport à la **visite du Tsar en France** ; La 1re représente à droite : Le Tsar et la Tsarine, à gauche, *Société des Photographes attendant leurs Majestés.* La 2e, à droite : Le Président Loubet et l'Amiral Ménard, de l'autre côté *Le « Cassini », croiseur de haute mer de l'Escadre du Nord.* La 3e Nicolas II et Alexandra Feodorovna, à gauche *Matelots Russes du torpilleur « Pernow ».* La 4e, toujours à droite, le Tsar et M. Loubet,

Président de la République et à gauche, *un marin du torpilleur russe « Pernow »*.

Quarante-six cartes éditées par Neurdein frères. Les onze premières représentent la **famille Impériale de Russie**, photographies faites à Péterhof, le 16 août 1901. Les suivantes ont pour titre *Fêtes Franco-Russes. Revue de Bétheny* reproduisant des clichés ayant trait à cette grande revue.

C'est la plus belle collection de Cartes postales qui a été faite jusqu'à ce jour, sur un sujet politique.

Une Carte postale représentant les **Fêtes de réception du Tsar** *(septembre 1901) le départ de Compiègne pour la revue de Bétheny.*

**Manœuvres de l'Est 1901**, série de vingt-quatre cartes, reproduction de clichés ayant trait aux manœuvres que le Tsar a eu l'honneur de clôturer par la magnifique revue de Bétheny. Très belle série.

Vingt cartes ayant rapport au **voyage du Tsar en France** *en septembre 1901*. Six de ces cartes se rapportent à l'arrivée à Dunkerque et à la revue navale, trois se rapportent à son séjour à Compiègne et onze se rapportent à Reims et à la revue de Bétheny.

Cinq cartes se rapportant à la **Visite du Tsar en France 1901**, avec portraits du Tsar, de la Tsarine et de M. Loubet ; sur l'une le château de Compiègne et sur l'autre, vue de Bétheny, près Reims.

Trente-cinq Cartes postales reproduisant différents **Portraits du Tsar, de la Tsarine et de sa famille**. Une seule, semble attirer particulièrement notre attention, c'est celle représentant la silhouette du Tsar, formée par les différentes phrases que le Tsar a prononcées dans des discours se rapportant à l'alliance Franco-Russe.

Trois cartes, très finement gravées par

Bellavoine jeune, éditées par Maury et portant comme timbres les **effigies de l'Empereur de Russie et des Présidents de République Française**, au centre les drapeaux des deux nations alliées, formant avec deux blasons respectifs l'Emblème de Paix en un superbe trophée ; la 1re carte a été éditée en 1896 lors de la visite du Tsar à Paris, la 2e en 1897 lors du voyage de M. Félix Faure en Russie. Ces deux premières cartes ont le portrait du Tsar et de M. Félix Faure. La 3e éditée en 1901, lors de la visite du Tsar en France, est avec le portrait de M. Loubet.

Deux Cartes postales, ayant rapport l'une à **l'entré du Tsar en France en 1896**, et l'autre à sa seconde **visite en 1901**. Dans la 1re il est reçu par le peuple, l'enthousiasme est complet. Dans la 2e, au contraire, seul sur son cheval, l'Empereur semble n'avoir pas voulu être en contact avec le peuple, et par là même, donner à sa visite un caractère essentiellement militaire.

**La Carte Krüger.** Elle est dessinée par Willette. Dans le petit format de la Carte postale l'artiste a fait entrer une composition imposante et grandiose, représentant dans le fond un paysage dévasté par la guerre, où brûlent des maisons et des fermes ; le Président du Transvaal vêtu d'une redingote déchirée, marche pieds nus, courbé sous le poids d'une lourde croix. Cette page douloureuse est complétée par une adresse *à Sa Majesté Nicolas II :*

O Tsar élu pour proclamer la Paix,
Faites fleurir l'espoir que la Haye a vu naître !
Dans l'éclat du triomphe où vous allez paraître
Dites les mots qu'il faut pour délivrer du faix
La Nation qui meurt en invoquant les autres !
Au-dessus des combats levez le drapeau blanc
Et les peuples sortis du cauchemar sanglant
En vous tendant les mains embrasseront les vôtres !

Le recto porte :

*A Sa Majesté l'Empereur de Russie, Château de Compiègne (Oise).*

Carte postale éditée par Ad. Weick de Saint-Dié, avec **allégories** en couleurs, représentant les deux nations sous les traits de deux femmes, la main dans la main, planant au-dessus de la revue ; au deuxième plan : l'Alsace et la Lorraine.

## 1902

Série de vingt cartes, reproduisant les drapeaux des Nations Européennes, en haut la première phrase en **musique** de chaque Hymne nationale, ainsi que le portrait de chaque souverain en véritable photographie. Ne voulant parler que de celle du Tsar, la carte est aux trois couleurs, blanc, bleu, rouge ; dans le blanc, la première phrase de l'hymne russe en langue russe.

**Ménages Princiers**, série de dix cartes. Une seule a rapport au Tsar. On voit l'Empereur, l'Impératrice et les quatre grandes duchesses ; on lit au bas : *Nicolaïevitch se fait bien attendre, cousin Guillaume devrait nous donner un bon tuyau.* Cette série est contenue dans une enveloppe portant cette inscription : « *Revue de fin d'année par un lâche anonyme.* »

Quinze cartes extraites du numéro spécial du journal l'**Assiette au Beurre** sur : « Les camps de reconcentration au Transvaal par Jean Veber » la carte « le Nuage » seule nous intéresse, elle représente la Revue de Bétheny passée par le Tsar. Sur la masse des soldats on aperçoit comme l'ombre d'un nuage, la silhouette de Krüger.

Série de sept cartes : **Les insectes couronnés**. Dans cette série les souverains sont représentés par des insectes ; la seule qui nous intéresse est celle de Nicolas II en abeille, tenant dans une patte une pétale de fleur d'églantier. Au cœur de cette fleur on voit les lettres R. F. *(Dessin d'Espinasse.)*

# CARTES SUR LE VOYAGE

## DE M. LOUBET EN RUSSIE

Carte portrait, **Emile Loubet**, charge dessinée par Victa avec ces vers :

EMILE LOUBET

Partant pour la Russie,
Notre cher Président
S'en va pour quelque temps
Voir le Tsar, notre ami.

Série de quatre cartes :

La 1re **un Président bien embarrassé**. L'ensemble de la carte forme le nord-ouest de la France ; M. Loubet a un pied sur Paris, une valise à la main sur laquelle on lit : Russie ; son pied gauche est attiré par des cables partant des villes de Dunkerque, Calais, Le Hâvre, Cherbourg, Brest ; au bas, *Ah ! la jambe !!!*

La 2e, avec le même dessin, a été faite en noir.

La 3e, **Un Président en voyage. 1er étape.** M. Loubet franchit la distance de Paris à Brest ou il y plante son parapluie. Il est reçu par une Brestoise qui lui offre un bouquet. Sur le parcours on voit les Normands et Bretons qui se réjouissent et les villes de Dunkerque, Calais, le Hâvre, Cherbourg qui tombent à l'eau.

La 4e, **Un Président en voyage.** *Le départ ; premier incident non prévu par le protocole ; le malaise du Président.* Ces trois cartes sont dessinées par Orens.

Série de douze cartes en couleurs, cartes très spirituelles ayant trait au **voyage en Russie 1902** et à ses diverses péripéties, mais, quelquefois, pas assez respectueuses.

Cinq cartes postales en phototypie représentant l'**Histoire de l'Alliance Franco-Russe.** La Russie sous la forme d'une jeune fille en costume national et la France sous celle d'un tout jeune homme habillé en lieutenant d'infanterie.

1° *Coup de foudre.*

2° *Travaux d'approche.*

3° *Assaut.*
4° *Victoire.*
5° *Conclusion.*

Carte postale : **A S. M. l'Empereur de Russie.** A gauche un marin tenant en main un bouquet de bruyère, fleurs préférées de la Tsarine ; sur la mer, au loin, les bateaux de l'escadre ; à droite, sonnet de Théodore Botrel ayant pour titre : *Bruyère Bretonne.*

La Falaise Bretonne est rude et solennelle...
Hormis quand la bruyère en fleurit le contour ;
Le cœur de nos marins est farouche comme elle ..
Hormis quand y fleurit la douce fleur d'amour ;

Aussi quand la Patrie au devoir les appelle,
Ces enfants orgueilleux et soumis tour à tour,
— Pour en parer leur « douce » en coiffe de dentelle —
Vont-ils cueillir la fleur qui parle de retour !..

Or cette fleur aimée au vieux pays breton,
L'Impératrice l'aime également, dit-on ;
Sire, voilà pourquoi, loin des côtes françaises,

Les gros vaisseaux montés par les gâs de « chez nous »
Emportent, dans leurs flancs, les fleurs de nos falaises
Pour en fleurir le cœur de votre « douce » à vous !

Ces vers ont été remis au Tsar par l'amiral Roustan.

Une Carte **genre Ombre chinoise** — dans un rond ; en haut, le Tsar et M. Loubet se donnant l'accolade ; en bas, à gauche, une aigle Russe surmontée d'un bonnet phrygien, à côté duquel on lit : *Pax nobis*, dessin de G. Demeufve.

**Série Charge**, de six cartes : deux seulement ont rapport au voyage de M. Loubet en Russie.

La 1re représente le Président habillé grotesquement pour effectuer son voyage en Russie. De la main gauche il porte une boîte de nougat, de la droite son parapluie ; au côté droit pend un grand sabre, une coupe de champagne, une croix de la légion d'honneur et un nœud de cravate d'une (dimension) peu ordinaire ; sur sa tête un petit chapeau microscopique complète cet accoutrement extravagant ; au bas on lit : *Partant pour la Russie (Air connu).*

La 2e intitulée : *Répétition générale*. M. Loubet est en manche de chemise, M. Crozier lui montre le portrait du Tsar et lui dit : *C'est un peu mieux M. le Prési-*

*dent, mais pas encore tout à fait cela, recommençons : « Je lève mon verre à... »*

Carte intitulée : **Distribution de jouets, cadeaux, etc..., par le grand-père Loubet.** Le Président de la République sort d'une grande malle différents jouets et le Tsar en enfant le regarde. *(Par A. Rouilly.)*

Carte ayant en haut à droite en médaillon le **Portrait du Tsar et de M. Loubet.** Sous le Tsar : *Compiègne 1901.* Sous le Président : *Saint-Pétersbourg 1902.* Au centre un soleil avec le mot *Paix*, encore plus bas trois forgerons occupés à détruire les armes européennes, en haut à gauche une femme tenant en main une corne d'abondance symbolisant la Paix.

Autre carte, représentant M. Loubet déguisé en danseuse, M. Crozier, directeur du Protocole lui dit : *Votre grâce Excellence dépasse celle de Cléo.* Intitulée : **Avant le départ.** *La Leçon*, dessinée par A. Rouilly.

Carte intitulée : **Chez les Russes !!!** Le Président vêtu en russe, dansant (par Orens.)

Carte intitulée : **Ceux qui s'en vont !!!** A droite : Le Président, son chapeau à la main, derrière M. Delcassé portant une valise sur laquelle on lit : *Russie Secrets,* à sa droite un chien représentant le protocole, *11 mai 1902,* dessiné par Orens.

Carte représentant le **Landau du Président à Brest,** le jour du départ pour la Russie.

Carte montrant le **Président Loubet** prêt à monter un superbe cheval noir, le pied dans l'étrier disant : *Hein ! Si Montélimar me voyait.* En haut à droite l'aigle russe.

Carte postale : **La Faction; Triple Alliance.** Au premier plan l'Empereur d'Allemagne soulevant un rideau juste au moment où le Tsar et M. Loubet portent un toast. Cette carte est intitulée : la Future Triple-Alliance, et Guillaume II prononce ces paroles ! *Pourquoi pas ? Ma place est parmi eux*. Cette carte est écrite en allemand et en français.

Carte : **Retour de Russie,** (mai 1902) représentant M. Loubet offrant à la République les drapeaux alliés avec cette inscription : *Le lien est solide nous y avons ajouté un nouveau nœud*. Cette carte est dessinée par Varan.

La Russie a aussi édité quelques cartes franco-russes. Parmi celles que nous avons reçues avant l'impression du présent ouvrage il faut citer :

**Carte avec portraits** de l'Empereur et du Président dans un cercle, au bas le cordon bleu de Saint-André et celui de la Légion d'honneur.

**Carte portrait** de M. Loubet, très ressemblant.

**Cartes postales flotte russe,** représentant le « *Standart* », l'*Empereur Nicolas II*.

---

Au moment où ce volume s'imprimait, étaient mises en vente deux très curieuses séries de huit cartes postales représentant l'une **M. Loubet saluant,** l'autre **l'Empereur de Russie.**

Nous avons reproduit hors texte cette très intéressante série qui sera d'ici peu très recherchée.

# Bibelots Franco-Russes et articles divers

Les Bibelots franco-russes parus depuis la visite impériale de 1901, ont été réunis par nos soins et grâce à la complaisance de nombreux collaborateurs qui ont bien voulu mettre à notre disposition les pièces de leur collection qui nous manquaient.

Cette fois ce n'est pas Paris seul qui s'est monopolisé pour la vente de ces souvenirs populaires, Brest, Cronstadt, Saint-Pétersbourg ont rivalisé de zèle pour nous offrir les articles qui suivent et que nous avons décrits.

Nos lecteurs peuvent se rappeler la scène de l'*Aiglon* (1) entre Flambeau et le duc de Reichstadt, lorsque celui-ci demande des preuves du souvenir que le peuple a con-

(1) 2e acte, scène IX.

servé du fils de Napoléon I$^{er}$. Il sort en effet de la poche des bibelots sur lesquels se trouve l'image de l'Aiglon : une tabatière, un rond de serviette, un foulard, une pipe, des cartes à jouer.

Au théâtre donc, le bibelot à sa place marquée et ce n'est pas l'acte le moins drôle du célèbre drame.

**Affiches Illustrées :**

**Affiche,** pour les bretelles Guyot, représentant tous les chefs d'Etats en manches de chemises, portant tous la célèbre marque, on lit dans le bas de cette affiche l'inscription suivante : *Tous les gens chics ne portent que des bretelles Guyot.*

**La même,** a été faite en carton réclame, de format plus petit, pour être exposé aux étallages des merciers.

**Une affiche** de dimensions colossales est celle que les propriétaires de l'*aliment com-*

DEUX USINES
La Fabrique de Chicorée
MAISON FRANÇAISE
CANTINIÈRE BLACK
SAINTE-OLLE-RAILLENCOURT
LA PLUS IMPORTANTE
CZARINE
POLISH
BONBONS LOUBET

*Planche IV.*

*plet Groult* ont fait apposer sur les murs de la capitale, Elle représente la différence qui existe chez un peuple, lorsqu'il prend ou ne prend pas du fameux aliment : les enfants se battent, les hommes vivent en mauvaise intelligence, les femmes ne s'entendent pas, les nations se déclarent la guerre. Bien entendu, lorsque cet aliment est adopté dans l'alimentation quotidienne, tout est rentré dans le calme, jusqu'aux peuples guerriers qui écoutent d'une oreille attentive les paroles pacifiques de l'Empereur Nicolas II.

**Le Biophonographe**, a fait imprimer une affiche représentant une foule nombreuse assistant au défilé des vues cinématographiques, dans l'assistance on remarque M. Loubet, l'Empereur de Russie, etc.

**La Maison Bossu**, a composé une affiche sur fond jaune avec drapeaux tricolores, russes et français. Dans le haut cette inscription : *Demandez partout le drapeau de l'Alliance franco-russe.*

**L'Alliance franco-russe.** — Placard illustré représentant les fondateurs de l'Alliance.

**La Maison G. Black** à Ste-Anne Raillancourt, près Cambrai (Nord) a fait dessiner pour sa célèbre marque de chicorée, un calendrier représentant une cantinière offrant une tasse de café à M. Loubet.

Le Président donne le bras à l'Impératrice, le Tzar est à sa gauche.

Un carton réclame a été fait pour la Manufacture française de coutellerie « **A l'Alliance** » — Un autre pour la **Moscovite** (chaussure en véritable veau russe d'origine). Un autre avec cette inscription : *Si vous souffrez de la névralgie, prenez un cachet russe.*

**Affiches.** — Les affiches que le Maire de Brest a fait apposer sur les murs de la ville méritent toutes d'être citées ici. Elles sont au nombre de trois. L'une que nous ne reproduirons pas n'est autre que le programme de la réception du 14 mai ; les deux autres ont trait tout particulièrement aux préparatifs de la municipalité et des habitants pour décorer la ville de Brest.

Voici la première :

VILLE DE BREST

*Le Maire à ses Concitoyens*

Chers concitoyens,

Le Président de la République a bien voulu choisir notre grand Port de guerre comme point d'embarquement pour son voyage en Russie, auprès de notre puissant ami et allié le Tzar.

Dans quelques jours, le 14 mai, il sera notre hôte

C'est la première fois que le Président de la République, M. Emile Loubet, vient en Bretagne ; vous aurez à cœur, j'en ai la certitude, de célébrer avec enthousiasme cet heureux événement dont notre Ville peut s'enorgueillir et de rendre digne de la ville de Brest, cette manifestation de respectueuse sympathie envers le Chef de l'Etat.

La Municipalité se prépare à fêter dignement cette mémorable journée.

Je vous invite aussi, chers Concitoyens, à participer tous à cette fête, afin de la rendre plus grandiose et plus patriotique.

Je compte sur le bon esprit de la population

brestoise si libérale, si républicaine, pour laisser au Président de la République le meilleur souvenir de son passage à Brest.

En pavoisant en grand nombre vos maisons, en les illuminant le soir, vous rendrez cette fête réellement populaire et vous montrerez aussi, par vos acclamations, vos sentiments de profond attachement à la République et à la personne de son respecté Président.

Vive la République !

*Le Maire,*
C. BERGER.

Brest, le 6 mai 1902.

VILLE DE BREST

## *Voyage de M. le Président de la République*

Chers concitoyens,

M. Emile Loubet, président de la République, a été profondément touché des nombreux témoignages de sympathie qui lui ont été donnés pendant son séjour à Brest et il m'en a exprimé à plusieurs reprises, sa vive satisfaction.

Le Maire de Brest a été particulièrement heureux de la manifestation patriotique, faite par la population républicaine de notre cité, au chef de l'Etat.

Au nom de la Municipalité, le Maire exprime à la population Brestoise, toute sa reconnaissance et en même temps la remercie de s'être associée aussi spontanément et avec autant d'enthousiasme, aux fêtes municipales.

M. le président Loubet ne pourra que conserver le meilleur souvenir de son passage au milieu des habitants de Brest, dont il a pu apprécier ainsi le profond attachement au Gouvernement de la République et les sentiments d'estime pour sa personne.

Vive la République !

Vive Emile Loubet !

*Le Maire de Brest,*
C. BERGER.

**Assiette.** — La célèbre manufacture de Sarreguemines a reproduit dans sa collection politique les traits du Président Loubet.

**Carafe.** — Au cours de nos promenades aux environs de Paris, il nous est arrivé de découvrir aux environs de Poissy, une carafe portant cette inscription : *Quinquina franco-russe, Punchs Denize, Labbé et Pierard, Meulan S.-et-O.*

**Cinématographes.** — La vogue du cinématographe date de 1894, de rapides progrès étaient rivalisés l'année suivante et en 1896, on pouvait admirer dans les établissements en vogue, le Cinématographe-Lumière reproduisant les épisodes principaux du voyage impérial. Le même succès de curiosité eut lieu pour le voyage du Président Félix Faure, pour celui de 1901, et nous sommes persuadés que les dernières perfections vont être mises à l'épreuve à l'occasion du voyage de M. Loubet.

### Cocardes, insignes, médailles :

**Médaille** en cuivre, avec portrait du Président, au dos les armes de la ville de Brest, au-dessus un trophée de drapeaux, dessous des rubans tricolores.

**La Même** est faite sans rubans.

**Médaille** en cuivre avec portrait du Président au dos : *Souvenir du passage du Président de la République à l'occasion de son voyage de Russie 1902,* au-dessus, trophée de drapeaux.

**Rose** en étoffe, au-dessus d'une petite médaille à l'effigie de l'Empereur de Russie, au dos, *Pax-alliance.*

**Cirage.** — *Czarine Polish,* noir chevreau liquide, s'emploie sans brosse. Le flacon est renfermé dans une boîte en carton, sur lequel on aperçoit le portrait de la Tzarine.

**Coquillage.** — Un dessin représente sur l'une des coquilles, une Bretonne en costume national ; sur l'autre les armes de la ville de Brest, entourées d'un drapeau russe et d'un drapeau français, et ces mots : *Cronstadt-Brest.*

Cette pièce est tout à fait inconnue.

**Coupe-files, cartes.** — Nous avons reçu de Saint-Pétersbourg, pour être insérées dans notre livre, quelques cartes que nous citerons avec plaisir.

Carte coupe-file pour les voitures.

Billet pour la Revue (fauteuil numéroté).

Billet de passage à bord du *Kitaï.*

Billet de passage à bord du l'*Ilmen* (pour Cronstadt).

Billet de passage à bord de l'*Ilmen* (pour le départ).

Billet pour la pose de la première pierre du pavillon Loubet.

**Courses** (Chevaux de). — Nous avons omis de signaler dans notre dernier volume, un nom de cheval appartenant à M. Aumont : *Franco-Russe*, qui se fit remarquer par ses nombreuses victoires sur différents hippodromes.

**Fil.** — *A nos amis les Russes* (S. F.) étiquette représentant des marins des deux nations, fraternisant ; au second plan des soldats d'infanterie de marine.

**Gâteaux.** — Outre le gâteau *Franco-Russe*, nous avons découvert un autre dessert sec : *La Tzarina.* Ce produit peu connu mérite par son nom d'être signalé à nos lecteurs.

La Maison G. Borman a innové pour la visite de M. Loubet, le **Bonbon Marche,** renfermé dans une boîte aux couleurs françaises. Le confiseur Landrin a fait confectionner des boîtes aux couleurs françaises pour y mettre des bonbons.

**Glace tryptique,** avec portrait du Président, de l'Empereur et de l'Impératrice (Photo. Pierre Petit).

**Glace de poche,** montrant au moyen de la buée, le portrait du Président.

**La même** représentant l'Empereur et l'Impératrice.

**Images articulées.** — La 1re représente M. Loubet remuant son bras pour saluer.

La 2e représente l'Empereur saluant militairement.

Chacune de ces images s'anime au moyen d'un va et vient.

**Jouets.** — Aussitôt le départ des Souverains Russes l'industrie parisienne se mit à composer pour les étrennes de 1902 une quantité de jouets rappelant le voyage de l'Empereur. Nous n'hésiterons pas à dire que jamais l'imagination des fabricants ne fut couronnée d'un succès pareil. Tous les costumes des officiers de la suite du Tsar servirent de modèles pour habiller des petits soldats en caoutchouc, des poupées étaient costumées en dames de la Cour, tous les épisodes des fêtes de 1901 furent représentés : le train impérial, en plomb, l'arrivée à Compiègne, le château, la ville avec les arcs de triomphe sous lesquels passent des voitures lilliputiennes escortées par de nombreux cavaliers formant escorte ; puis Reims avec ses grandes rues et sa cathédrale, enfin Bétheny avec tribunes, estrades et soldats de toutes les armes ; il a été fabriqué des boîtes de jouets de petites et moyennes dimensions, il a été aussi mis en vente de véritables panoramas carrés mesurant plus de trois mètres de côtés. Une poupée en caoutchouc représentant le Tsar en Preobrajensky a également eu beaucoup de succès au moment du jour de l'an, grâce à son prix modéré (1 fr. 25).

**Exposition de jouets.** — Sous la présidence de M. Lépine un concours de jouets a eu lieu peu après le départ des Souverains Russes. Un grand succès couronna cette initiative et le prix d'honneur fut attribué au jouet du célèbre peintre Detaille. Ce jouet représentait deux soldats accolés sous un costume différent — l'un était un soldat russe, l'autre un fantassin français.

**Journaux illustrés.** — Le voyage du Président Loubet a été représenté par tous les Journaux illustrés français et étrangers plusieurs ont même fait à cette occasion des numéros entièrement consacrés à cette visite lointaine. L'esprit français s'est même donné libre cours dans certaines publications ; à citer tout particulièrement le N° 32 de la *Vie en Rose*, illustré par Z. Wely, texte de Ch. Quinel.

Mais la majorité des écrits et dessins qui

ont paru pendant la seconde quinzaine du mois de mai est plus particulièrement sérieuse et reproduit de nombreuses vues photographiques fort intéressantes, un certain nombre de dessins sont dus aussi à l'imagination des artistes, attendu que certains journaux sont parus le jour même de l'arrivée à Cronstadt! Citons en première ligne les beaux journaux suivants :

*L'Illustration, le Monde Illustrée, le Supplément du Petit Journal, le Supplément du Petit Parisien, La Vie Illustrée, Femina.*

Tous les Journaux politiques quotidiens ont inséré des clichés le jour du départ de Brest et de l'arrivée en Russie. A citer *Le Journal, L'Eclair, L'Echo de Paris,* etc...

Les Journaux russes ont reproduit de nombreux portraits du Président et de M^me^ Loubet, de même que ceux des ministres français et étrangers ayant contribué à la consécration de l'Alliance franco russe. Le passage du colonel Marchand à Saint-Pétersbourg a été l'occasion pour certains journaux illustrés de représenter le vaillant officier fêté par ses collègues de Russie.

**Literie.** — La Maison Georges-Malle et C^ie^ a fabriqué pour MM. Bonamy de Sarnez et C^ie^ un lit en fer et cuivre qui fut baptisé du nom de « **Lit Alexandra.** »

**Menus et Programmes.** — La rapidité avec laquelle nous avons voulu paraître nous a empêché de reproduire les menus qui ont été dessinés à l'occasion du voyage présidentiel.

Citons tout d'abord :

Les menus de Brest.

Les menus du *Montcalm*.

Les menus de la Cour avec l'aigle en relief.

Le superbe menu avec programme du dîner de gala du 20 mai.

Le programme de la soirée de gala du 22 mai.

Le programme des morceaux exécutés pendant le déjeuner après la Revue.

Le programme des morceaux exécutés pendant la Revue.

Le programme de la Grande revue de

Krasnoé-Sélo indiquant la composition des troupes ayant pris part à la Revue.

Le prospectus donnant l'ordre dans lequel les troupes ont défilé.

Le prospectus indiquant le nombre de soldats prenant part à la revue (29,960).

Un plan de grandes dimensions représentant la grande et la petite rade de Cronstadt était imprimé pour la circonstance.

**Moutarde** franco-russe. Ce produit est peu connu. Il a fait son apparition en 1900.

## Papeterie :

**Boîte de papier à lettres** avec cette inscription *Papeterie de l'Alliance franco-Russe*. Boîte en carton représentant les Empereurs Alexandre III, Nicolas II, MM. Carnot, Félix Faure, Loubet ; ces médaillons sont entourés des drapeaux et des armes des deux capitales.

Cette boîte porte la marque « Tongimed's papers à Angoulême ».

**Parfumerie**. — Parmi les nouveaux parfums baptisés de noms russes ou que nous n'avons pas encore cités nous trouvons :

La Crème Tzarine, Poudre de riz parfum russe, Eau de Cologne de la Cour Impériale de Russie et les Edelweiss de la Tzarine (*Vaissier f.*). A ce sujet nous lisons ces vers :

PARFUM NOUVEAU

Pur Edelweiss de la Tsarine,
Edelweiss aux blancheurs d'hermine,
Fleur du miracle, fleur divine,
Tu devais plaire à la Tsarine.

*Nouvelle création de V. Vaissier.*

Ajoutons à notre liste : Eau de Cologne russe (*P. Astriend, Paris*). Eau de Cologne impériale (*Vaissier, Paris*). Eau de Cologne russe double impériale.

**Purgatif** (*Anti épidémique, purgatif dépuratif, élixir franco-russe*) avec étiquette représentant les drapeaux alliés, au milieu un cercle mi-tricolore, mi-jaune avec l'aigle. Ce produit fabriqué à Ribérac n'est connu que de quelques amateurs. Nous devons ce renseignement à l'amabilité de M· Bargalo.

**Plume tambour russe** avec étiquette représentant un soldat russe dans un médaillon entouré de drapeaux (*Masson et fils, Paris*).

**Pipe.** — La maison Gambier a fait fabriquer des pipes en terre représentant le Président de la République.

**Pipe franco-russe** en bois. Un carton réclame sur fond vert et lettres en argent a été fait pour cette pipe.

**Prospectus.** — L'agence des voyages Duchemin, (20, rue de Grammont), a fait distribuer des prospectus à l'occasion du voyage du Président Loubet en Russie. Nous lisons sur cet imprimé :

Excursion en Russie à l'occasion du voyage du Président de la République, retour par Vienne, prix à forfait, 1re classe 2,100 fr. ; Départ le lundi 12 mai, retour le lundi 16 juin 1902.

Ce prospectus qui se compose de 4 pages indique jour par jour l'itinéraire et l'emploi du temps dressé à l'avance.

Un **programme** *du séjour en Russie de M. le Président de la République Française* était distribué aux personnages de la Cour.

**Les voyages économiques** ont fait apposer à l'entrée de leurs bureaux une affiche manuscrite à l'occasion de ce mémorable voyage.

**Publicité :**

**Chicorée** *à la française* (*Paul Mairesse à Cambrai*).

**Devinette** avec cette inscription :
*« J'apporte au Tsar ce merveilleux produit français, où est Sa Majesté ? Cherchez M. le Président.*

**Pastilles Poncelet.** — Image représentant le Tzar regardant une boîte des fameuses pastilles.

**Ruban.** — Nous avons reçu d'un des collectionneurs les plus acharnés un ruban de marin sur lequel on lit le mot *Montcalm*,

**Thé du Tzar** de la Société russe de Marseille, renfermé dans une boîte en métal et orné des aigles russes sur fond rouge.

*Planche V.*

# EN RUSSIE

Au moment où nous avions terminé le manuscrit de ce volume, notre collaborateur de Saint-Pétersbourg nous adressait en une caisse un certain nombre d'objets franco-russe fabriqués à Pétersbourg à l'occasion du voyage de Monsieur Loubet.

On compte plus de 50 espèces différentes et c'est avec plaisir que nous les énumerons ci-dessous :

**Cocardes, insignes, médailles fabriquées en Russie :**

**Cocarde** tricolore en soie avec bouton aux couleurs russes.

**La même** plus petite.

**Fleurs** aux couleurs tricolores attachées avec un ruban.

**Piquet de fleurs** composé d'une marguerite, d'un bleuet et d'un coquelicot attachés avec un ruban.

**Insignes** représentant des drapeaux russes et français.

**Boutonnière** composée de trois fleurs, de deux drapeaux, du portrait du Président au milieu, derrière, une agrafe et un petit tube en verre pour mettre de l'eau.

**Médaille russe** en cuivre. Au centre les mains s'étreignant, au-dessus, 1902, les drapeaux tricolores. La médaille est maintenue par un nœud en soie aux couleurs franco-russes.

**Médaille applique.** — Au centre dans un losange R. F. à droite et à gauche les drapeaux.

**Médaille République** avec cette inscription : « République Française. »

**Vive la France.** — Au dos inscription russe.

**Médaille en cuivre** représentant le portrait de M. Loubet, peu ressemblant. Au dos l'aigle russe. « 1902. »

**Médaille en cuivre** avec portrait du Président et inscription en russe.

Les **Insignes** avec les armes de Saint-Pétersbourg et de la Ville de Paris sont nombreuses, elles sont suspendues à des rubans multicolores ou sous forme de broche, de médaillon, d'épingle.

**Epingle Loubet** avec le portrait au centre et un ruban tricolore pour tout ornement.

Des **Drapeaux français**, en papier très mince, ont été vendus en très grand nombre pendant le séjour du Président. Au centre se trouvait le portrait de Loubet avec cette inscription : *Vive la France*, d'autres représentaient au dos le monument de l'Alliance érigé pour la circonstance à Saint-Pétersbourg.

**Les boîtes de cigarettes** sont nombreuses. Les couvercles représentent soit les marins des deux nations fraternisant, soit le portrait du Président, soit les couleurs des pays amis et alliés.

**La confiserie** nous a donné le caramel Loubet; le bonbon Loubet, le bonbon de l'Alliance, le caramel français, renfermés dans des enveloppes illustrées.

La maison Borman a confectionné une boîte rectangulaire aux couleurs françaises pour le Chocolat Président, à gauche et en haut l'Aigle russe.

Un sac en satin blanc avec portrait du président E. Loubet et nœuds tricolores a été confectionné pour la maison Robinson, confiseur.

Le bonbon Loubet de la maison Conradi était placé dans une boîte losange ; sur le couvercle, très ressemblant portrait du Président et la rade de Cronstadt, à l'intérieur les couleurs françaises et russes servaient à isoler le bonbon du couvercle.

Nous avons découvert encore une boîte rectangulaire jaune clair avec drapeaux russe et français.

La maison Blighen et Robinson ont remis en vente une boîte que nous avons déjà vue en 1897 et dont le couvercle représentait des marins français et russes fraternisant.

### Verres, Faïence :

**Cendrier** rectangulaire en faïence, au centre des drapeaux, en haut Paris 1896. — Compiègne 1901, en bas et en russe Saint-Pétersbourg 1897-1902.

**Une assiette** a été faite avec la même inscription.

**Verre-Doyen** en forme de gobelet avec les drapeaux des deux pays. On lit en lettres d'or : « Champagne-Doyen ». Cette publicité a été fort remarquée durant les fêtes franco-russes de Saint-Pétersbourg et ornera pendant longtemps les collections et les étagères des amateurs ; car la distribution a été très nombreuse.

**Gobelet en zinc** avec le portrait de M. Loubet entouré de drapeaux, de fantassins et de marins français et russes fraternisant. Le même a été fait en 1897 lors du voyage de M. Félix Faure.

**Livres.** — Au moment de mettre sous presse nous recevons de notre collaborateur de Russie le programme suivant : *Souvenir de la fête de l'Alliance. Saint-Pétersbourg, 7 mai 1902, à bord du « Matin »*. Composé de vingt pages il est très agréablement illustré au recto de vues de l'Escadre, de vues de Paris et de Pétersbourg ; des armes des capitales, du programme de la fête. Au verso les noms des célèbres maisons de champagne si connues en Russie : Rœderer de Reims ; Moet et Chandon d'Epernay ; Doyen et C^ie de Reims ; E. Irroy de Reims. Un ruban tricolore est passé au milieu de cet élégant programme.

**Guide.** — La Ville de Saint-Pétersbourg a distribué à ses hôtes étrangers un guide de la capitale très élégamment illustré, avec un plan très vaste.

Comme on le voit la Russie n'a pas voulu rester en arrière et c'est avec plaisir que nous conservons ces précieux et populaires souvenirs.

# CHANSONS
# MUSIQUE, POÉSIES

---

**Vive le Tsar !** (air *La Paimpolaise*) avec portraits de M. Loubet, du président Krüger, du roi Edouard VII et de l'Empereur de Russie avec cette inscription : *La Fin de la guerre du Transvaal, un premier bienfait de l'Alliance franco-russe, un rêve qui sera bientôt une réalité.*

**Le Triomphe de la Paix ou la visite du Tzar.** — *Marche franco-russe.*

**L'Apothéose franco-russe.** — *Chanson patriotique.*

**Cronstadt.** — *Marseillaise franco-russe.*

Dans la publication *La Chanson de la semaine :* **Le Tzar et le gamin de Paris, le Voyage du Tzar.**

**Emile Loubet.** — *Marche*, avec portrait du Président entouré du drapeau de la marine russe et du drapeau français.

**France-Russie,** *Marche.* — Hommage respectueux au Président de la République Française.

**Russie-France.** *Valse*, avec portraits de deux jeunes femmes personnifiant les deux pays, les armes et les drapeaux.

**Soyez le Bienvenu,** par ZOUBOFF, avec portrait du Président.

**L'escadre française.** — *Valse*, par C. ELENINE, avec drapeaux des deux pays. (Dédiée aux marins français et russes).

Dans nos précédents volumes, nous avons omis de citer une belle poésie, faite à l'occasion de la mort de l'Empereur Alexandre III. Etant très peu connue, nous nous sommes fait un plaisir de la reproduire ici. Elle est de notre camarade Paul Daubry.

## A sa Majesté l'Impératrice de Russie

# GRAND DEUIL !

*Poésie*

Sur un grand deuil sanglant notre France éplorée
A peine a pu calmer ses récentes douleurs,
Qu'un nouveau coup cruel sur notre âme atterrée
Vient soudain de s'abattre et fait couler nos pleurs.
Un an déjà, depuis ces beaux jours d'allégresse
Où Russes et Français ont su fraterniser
Un an s'est écoulé ; mais depuis, la Tristesse
Succédant aux plaisirs, semble s'éterniser.

Qui donc eût jamais cru que la Mort implacable
Eût si vite frappé ces deux superbes cœurs
Dont le but, à la fois paisible et redoutable,
Etait que nous restions les deux nations sœurs.
Devant le noir trépas, hélas, nous devons taire
Nos plaintes et nos cris et garder le cœur haut,
Mais la Mort, en ce cas peut-être salutaire,
Nous prend en quelques jours Alexandre et Carnot !

Vous hurlez de plaisir, vous tressaillez de joie
Devant nos deux douleurs, peuple allemand abject,
Vous vous croyez déjà maître de votre proie ;
Du spectre de la Mort vous n'avez pas respect.
Riez toujours, riez mais cet indigne outrage
Trouvera quelque jour son puissant justicier ;
Riez, dansez, chantez ; saoûlez-vous avec rage,
Celui-là rira bien qui rira le dernier.

Quant à toi, grand héros, ô Majesté qui tombe,
O noble souverain et d'Eglise et d'Etat,
Toi qui, plein de génie, emportes dans la tombe
Et la force et la gloire en leur plus bel éclat,
Toi qui sus confirmer notre chère espérance
En donnant à ton fils un sentiment de paix,
L'amour de ton pays et l'amour de la France,
Sois béni, dans la Mort, par le peuple Français !

*2 Novembre* 189[illegible].

# TABLE DES MATIÈRES

17 Février 96

# TABLE DES PLANCHES

Saint-Amand (Cher). — Imp. PIVOTEAU et FILS

www.ingramcontent.com/pod-product-compliance
Ingram Content Group UK Ltd.
Pitfield, Milton Keynes, MK11 3LW, UK
UKHW022026170726
13837UKWH00001B/422

9 782329 095851